DEEPAK CHOPRA

TRADUCCIÓN
ADRIANA DE HASSAN

PODER
LIBERTAD
^y GRACIA

*Encuentre la fuente de la
felicidad para toda su vida*

AMBER-ALLEN PUBLISHING
SAN RAFAEL, CALIFORNIA

• TODA UNA EXISTENCIA DE SABIDURÍA •

Derechos © 2006 por Deepak Chopra
Traducción: Adriana de Hassan © 2007 por Editorial Norma

Publicado por Amber-Allen Publishing, Inc.
P.O. Box 6657
San Rafael, CA 94903

Título original: *Power, Freedom, & Grace*
Fotografía del autor: Jeremiah Sullivan
Arte de funda: Mahaveer Swami, detalle del *Bhagavad Gita*

Dedicatoria: Al Ser inmortal que mora en nosotros.

Library of Congress Cataloging-in-Publication Data

Chopra, Deepak. [Power, freedom, and grace. Spanish] Poder, libertad
y gracia: encuentre la fuente de la felicidad para toda su vida.
    Deepak Chopra ; [traducción, Adriana de Hassan].
    p. cm. ISBN-13: 978-1-878424-86-0
I. Spirituality. I. Title.   BL624.C476818 2008
294.5'4--dc22   2008010833

Impreso en el Canadá en papel no ácido
Distribuído por Hay House, Inc.

10   9   8   7   6   5   4   3   2   1

Índice

AGRADECIMIENTOS

Agradezco profundamente a Janet Mills, quien ha capturado diligentemente la esencia de mis conferencias a través de los años y por haberme ayudado a completar este manuscrito.

El instrumento y el intérprete no son el mismo.
El instrumento es el cerebro; el intérprete es
el Ser infinito que se expresa con
muchos trajes diferentes.

Parte I

El problema

No saber quiénes somos

· I ·

¿Qué deseo?

Felicidad: Sensación de placer, contento o alegría

Este libro le atrajo por una razón. Es probable que su alma le esté haciendo una invitación para ponerse en contacto con la parte más profunda de su ser. Su ser más profundo, su ser esencial, es la fuente de toda la Existencia, de ese campo de conciencia pura que se manifiesta a través de la diversidad infinita del universo. El poder, la libertad y la gracia son atributos de ese campo, como lo son también la felicidad, la alegría y la dicha.

En el transcurso de mi carrera he atendido a miles de personas afligidas por toda clase de problemas y dificultades en la vida. Comencé mi carrera como médico y, en un principio, la mayoría de mis pacientes presentaban alguna patología, como un cáncer o problemas del corazón. Un día, mientras atendía a un paciente enfermo del corazón, por alguna razón, le pregunté por qué deseaba mejorarse.

Por la forma como me miró, seguramente pensó, *¿Qué pregunta más ridícula es esa?* "¿Acaso no todo el mundo desea mejorarse cuando está enfermo?" respondió.

"Sí", le dije, "¿pero *usted* por qué desea mejorarse?"

"Si mejoro podré regresar al trabajo y seguir produciendo más dinero", respondió.

Por alguna extraña razón, insistí en inquirir *por qué*. "¿Por qué desea producir más dinero?"

Se mostró divertido y aceptó seguirme el juego diciendo, "Porque deseo enviar a mi hijo a una buena universidad".

Entonces le pregunté por qué deseaba enviar a su hijo a una buena universidad.

A lo cual respondió, "Deseo darle una buena educación a mi hijo para que sea un profesional exitoso".

Yo insistí en preguntar, *por qué, por qué, por qué* . . . . Al final me respondió, "Porque deseo ser feliz".

Desde entonces he jugado este juego no solamente con los enfermos que desean mejorarse, sino con todas las personas que me manifiestan tener algún deseo. Ensaye usted. Pregúntele a la gente qué es lo que desea y no deje de preguntar *por qué* hasta llegar a la respuesta final: "Porque deseo ser feliz".

La felicidad parece ser la meta de todas las metas y, no obstante, la mayoría de las personas dan muchos rodeos para llegar a ella. Tenemos metas materiales como desear una casa mejor, un automóvil mejor, o cosas lujosas. Tenemos metas que tienen que ver con las relaciones. Deseamos sentirnos seguros; deseamos sentir que pertenecemos. Deseamos poder expresarnos libremente y dejar correr la imaginación. Algunos quizás deseemos tener salud o poder; otros quizás busquen la fama. Pero si preguntamos por qué desean todas esas cosas, la respuesta última siempre es la misma: creen que *sólo* obteniendo esas cosas podrán ser felices.

Fue a través de mis conversaciones con la gente que comenzó a cobrar forma una idea: *¿Por qué no convertir la felicidad en la primera meta? ¿Para qué buscar la felicidad a través de todos esos medios secundarios?* Entonces descubrí algo todavía más interesante. Si convertimos la felicidad en nuestra primera meta en lugar de llegar a ella al final, podremos lograr fácilmente todo lo demás.

Muchas tradiciones espirituales postulan que cuando buscamos primero lo más elevado, todo lo demás llega por añadidura. Por ejemplo, en el Nuevo Testamento Jesús dice, "Busquen primero el reino de Dios y todo lo demás les será dado". El reino de Dios no es algún lugar recóndito en un rincón lejano del universo; es un estado de conciencia. Eso mismo es la felicidad.

La mayoría de las personas dicen, "Soy feliz *porque* . . . porque tengo a mi familia y a mis amigos, porque mi trabajo es fabuloso, porque tengo dinero y seguridad". Todas estas razones son frágiles pues van y vienen como una brisa pasajera. Y cuando la felicidad se muestra esquiva, buscamos el placer a través de conductas adictivas con la esperanza inconsciente de encontrar la dicha. Las causas externas de felicidad nunca crean dicha verdadera. La dicha es un estado interior de conciencia que determina nuestra manera de percibir y experimentar el mundo. La fuente interior de dicha (nuestra conexión con nuestro Creador, nuestra fuente, nuestro ser interior) es la causa, mientras que la felicidad es el efecto.

Cuando perdemos contacto con nuestra fuente interior de alegría, cuando la felicidad que experimentamos se origina siempre en las circunstancias ajenas a nuestro ser, entonces quedamos a merced de todas las situaciones y de todos las personas que se cruzan en nuestro camino. Esa clase de felicidad siempre es esquiva.

Los Vedas, en los cuales se consigna una de las filosofías más antiguas de la Tierra, nos dicen que ser felices por un motivo no es más que otra forma más de desgracia porque ese motivo nos puede ser arrebatado en cualquier momento. Lo que debemos anhelar es poder ser felices sin motivo alguno.

La felicidad es un estado de conciencia que ya existe en nosotros, salvo que suele estar enterrada bajo toda una serie de distracciones. De la misma manera que las nubes pueden ocultar el más bello amanecer, así también las preocupaciones del diario vivir pueden ocultar nuestra felicidad interior. El condicionamiento social y la conciencia limitada pueden impedirnos ver ese reino celestial oculto en las profundidades de nuestro corazón. Pero podemos aprender a elevarnos por encima de las brumas del condicionamiento y redescubrir la fuente de alegría que mora en nosotros. Una vez descubierta esa alegría comenzamos a experimentar cosas maravillosas y milagrosas. La expresión de la felicidad trae consigo una sensación de conexión con el poder creador del universo. Cuando nos sentimos en posesión de esa conexión es como si nada nos impidiera hacer realidad todos nuestros deseos.

Cuando la vida es la expresión del estado interior de felicidad, descubrimos unas reservas inmensas de poder en nosotros mismos. Este poder nos libera del miedo y de las limitaciones, permitiéndonos hacer realidad toda la abundancia a la cual aspiramos. Más importante todavía es el hecho de que este poder nutre todas nuestras relaciones haciéndolas verdaderamente plenas. Descubrimos que nos convertimos en faros de luz y de amor, y que nuestra sola presencia nutre nuestro entorno. La gente nos rodea para favorecer nuestros deseos, y hasta la naturaleza responde a nuestras intenciones.

Mientras más tiempo vivimos en el estado de felicidad, más frecuente es la experiencia de la realización espontánea del deseo a través de la sincronía y las coincidencias significativas. En muchas tradiciones religiosas, esto es lo que se conoce como estado de gracia. Experimentar la gracia es estar en el sitio indicado en el momento indicado, recibir el apoyo de las leyes de la naturaleza, o tener "buena estrella". En el estado de gracia, es como si la mente universal o cósmica estuviera espiando nuestros pensamientos y haciendo realidad nuestras intenciones y deseos en el momento mismo en que nos pasan por la mente.

Pero ahí no termina la historia. Si bien la felicidad es la meta de todas las demás metas, lo que realmente deseamos más allá de la felicidad es comprender el misterio de nuestra propia existencia. Hasta tanto eso suceda, por mucho que veamos satisfechos nuestros deseos, no logramos sentirnos satisfechos porque una voz interior nos molesta todo el tiempo. Es la voz que pregunta, *¿Quién soy? ¿De dónde vengo? ¿Cuál es mi propósito en la vida? ¿A dónde iré cuando muera?*

Nadie puede respondernos esas preguntas. Si aceptamos las explicaciones de nuestros padres, o de nuestra cultura, o de nuestras tradiciones religiosas, lo hacemos con fe ciega. Cuando *esperamos* que lo que nos dicen sea cierto sin tener la certeza personal, sencillamente aceptamos la instrucción de unas figuras de autoridad. Esta forma de fe es una forma de cubrir nuestra inseguridad y, en esta era actual, realmente tiene visos de ingenuidad.

La ciencia nos ha permitido comprender muchas cosas acerca de las leyes de la naturaleza y su forma de operar. No tenemos que *creer* en la electricidad;

podemos ver la evidencia en una bombilla. Tampoco tenemos que creer en las otras fuerzas de la naturaleza como la gravedad. Sabemos que existe porque podemos experimentarla. Asimismo, no tenemos que aceptar como dogma de fe que el alma existe, o que hay una vida después de la muerte. No necesitamos creer, sino comprender y experimentar. ¿Por qué aceptar por fe las respuestas a las preguntas más profundas sobre nuestra existencia? ¿Acaso no hay una forma de descubrirlo por nuestra cuenta?

¿Hay algún medio para explorarnos y comprendernos a nosotros mismos a fin de comprender de primera mano los misterios de nuestra existencia? ¿Es acaso posible que ese conocimiento satisfaga nuestra racionalidad y no choque con lo que la ciencia moderna o la cosmología nos han enseñado acerca del universo?

Mi intención con este libro es que usted pueda descubrir nuevamente lo que ya sabe en lo más hondo de su ser y que, en ese acto de recordar, usted pueda experimentar asombro, amor sin fronteras y una profunda humildad. El ser interior de todo ser humano espera pacientemente hasta el momento propicio; entonces nos hace una invitación a penetrar el misterio luminoso de la existencia, creador, renovador y sustentador de todas las cosas. En presencia de este misterio no solamente sanamos como personas sino que sanamos al mundo.

No tenemos otra tarea más importante en la vida que la de ponernos en contacto con nuestro ser interior, la fuente de toda la Existencia. Ese ser profundo es el Ser de todo el universo y también la fuente de toda sanación y transformación.

El mundo ha esperado nuestra transformación porque también desea la suya. Cuando nos transformamos, el mundo se transforma, porque todos somos uno.

Iniciemos este viaje ahora mismo.

∽

PUNTOS CENTRALES

* La felicidad es la meta de todas las metas y es un estado de conciencia que ya existe en nuestro interior.

* La felicidad atribuible a un motivo es una forma de desgracia porque ese motivo nos puede ser arrebatado en cualquier momento. Ser feliz sin tener motivo alguno es la clase de felicidad a la cual debemos aspirar.

* Cuando nuestra vida es una expresión de nuestra dicha interior, nos sentimos conectados con el poder creador del universo. Dotados de esa conexión nos sentimos capaces de lograr todos nuestros deseos.

· 2 ·

¿Quién soy?

Universo: *Un solo canto;*
la totalidad de las cosas que existen

Según los Vedas, solamente hay cinco razones por las cuales sufrimos los seres humanos: la primera, es no saber quiénes somos; la segunda, es identificarnos con nuestro ego y con la imagen que tenemos de nosotros mismos; la tercera, es aferrarnos a lo transitorio e irreal; la cuarta, es temerle a lo transitorio e irreal, y la quinta, es el miedo a la muerte. Los Vedas también dicen que las cinco causas del sufrimiento están contenidas en la primera: no saber quiénes somos. Si logramos responder esa primera pregunta fundamental de *¿Quién soy?*, podremos encontrar la respuesta a todas las demás preguntas afines como son, *¿De dónde vengo? ¿Cuál es mi propósito en la vida? ¿A dónde iré cuando muera?*

Ahora bien, si alguien le preguntara, "¿Quién es usted?", su respuesta probablemente sería, "Soy fulano de tal. Soy estadounidense, japonés, o soy el presidente de tal compañía". Todas esas respuestas hacen alusión a su imagen o a un objeto ajeno a usted: un nombre, un lugar, una circunstancia. Este proceso de identificarse con su imagen o con los objetos de su experiencia es lo que se denomina *referencia al objeto*.

También podría identificarse con su cuerpo y decir, "Este es mi cuerpo. Yo soy este saco de carne y huesos". Pero entonces la pregunta sería: *¿Qué es el cuerpo y por qué llamarlo suyo?* El cuerpo que usted toma como *suyo* realmente es la materia prima del universo: tierra, agua y aire reciclados. Pero eso mismo es el árbol que crece afuera de su ventana. ¿Por qué decir que el cuerpo es suyo cuando no dice lo mismo de las estrellas, la luna o el árbol que ve por su ventana? Por supuesto que siente su cuerpo más cercano, pero eso supone que usted sabe donde está localizado ese "yo soy" que usted cree ser.

Muchas personas sienten de alguna manera que el "yo" que consideran ser, la conciencia encapsulada dentro de la piel, se localiza en algún lugar de la cabeza. Otras personas piensan que está en algún punto detrás del plexo solar. Pero ningún experimento científico ha logrado encontrar todavía el asiento de la conciencia en algún punto del espacio o del tiempo.

Tanto la ciencia védica como la cábala judía arrojan una luz interesante sobre esta incógnita: el centro de la conciencia es el centro de todo el espacio y el tiempo. Está simultáneamente en todas partes y en ninguna parte. Pero supongamos por un momento que su conciencia realmente está localizada donde usted se encuentra físicamente. Si este universo es infinito (y así lo aseguran los físicos), entonces el infinito se proyecta en todas las direcciones a partir del punto donde usted está. Usted está en el centro del universo, pero igualmente lo estoy yo, porque el infinito se extiende también en todas las direcciones a partir del punto donde me encuentro. El infinito también se extiende en todas las direcciones a partir del punto donde se encuentra una persona en China, un perro en Siberia y un árbol en África. La verdad es que estoy aquí pero también estoy en todas partes porque el *aquí* es *allá* desde todos los demás puntos en el espacio. Usted está *allá*, pero también está en todas partes, porque el *allá* está en todas partes o en ninguna parte concretamente.

En otras palabras, la localización en el espacio es cuestión de percepción. Cuando decimos que la luna está cerca y el sol está lejos, es verdad solamente desde nuestro propio punto de vista. En realidad no hay arriba ni abajo, ni norte ni sur, ni oriente ni occidente, ni aquí ni allá. Esos son solamente puntos de referencia para nuestra conveniencia. Nada es local en el cosmos, lo cual significa que no podemos confinar nada aquí, allá o en cualquier otro lugar.

Pero mis ojos me dicen lo contrario. Estoy aquí y usted está allá, donde quiera que eso sea. Entonces quizás no deberíamos confiar mucho en nuestros sentidos. Mis ojos me dicen que la Tierra es plana, pero ya nadie cree eso. La experiencia sensorial me dice que los objetos que percibo son sólidos, pero eso tampoco es cierto. Sabemos que los objetos están hechos de átomos, los cuales a su vez constan de partículas que giran alrededor de enormes espacios vacíos.

La experiencia del mundo material es una superstición que hemos desarrollado aprendiendo a confiar en nuestros sentidos. En realidad, el universo es un caos, un caldo de energía, el cual ingerimos a través de nuestros sentidos convirtiéndolo en una realidad material en nuestra conciencia. Nuestros sentidos convierten la energía carente de masa en sonido y vibración, forma y solidez, textura y color, fragancia y sabor. Y la forma como interpretamos ese caldo de energía estructura nuestra realidad y crea la experiencia de nuestra percepción. La mayoría de las veces lo hacemos inconscientemente como resultado del condicionamiento social. Los filósofos hablan de *la hipnosis del condicionamiento social*. Cuando vivimos así hipnotizados, creemos en *la superstición del materialismo*.

La superstición del materialismo depende de la experiencia sensorial como prueba crucial de su realidad. Según esa forma de ver el mundo, la realidad es lo que vemos con los ojos, lo que oímos con los oídos, lo que olemos con la nariz, lo que saboreamos con la boca o lo que tocamos con las manos. Si no hay energía o información disponible para los sentidos, pensamos que no existe. Y el intelecto, con su sistema lógico estructurado lingüísticamente, contribuye a justificar esta percepción errada de la realidad.

La experiencia sensorial es totalmente ilusoria; es tan transitoria como una fantasía o un sueño. ¿Realmente existe el color rojo? Cada color que percibimos es una longitud de onda particular de la luz, y la luz que podemos detectar realmente es una fracción de toda la que existe. ¿Durante cuánto tiempo podemos aferrarnos a un mundo de ilusión? Podríamos pensar que somos ese cuerpo que nuestros sentidos ubican en el tiempo y en el espacio, pero el cuerpo es un campo de vibraciones invisibles que no tiene límites en el tiempo ni en el espacio.

Entonces quizás no seamos la imagen con la cual nos identificamos y quizás no seamos el cuerpo. Entonces debemos ser al menos pensamiento y sentimiento. ¿Pero quién podría afirmar a ciencia cierta que sabe de dónde vienen los sentimientos y los pensamientos? ¿De dónde vienen y dónde se desvanecen?

Si no es posible reclamar exclusividad sobre los objetos de nuestra experiencia, nuestro cuerpo o nuestros pensamientos y sentimientos, entonces, ¿qué podemos reclamar como propio? Y es aquí donde el conocimiento de los Vedas nos salva. Si reemplazamos la palabra *exclusividad* por *inclusividad*, entonces no *solamente* somos esos objetos, ni *solamente* somos este cuerpo, ni somos *solamente* esos pensamientos y sentimientos. Somos *todas* las cosas, *todos* los cuerpos, *todos* los pensamientos y sentimientos. Somos un campo de posibilidades infinitas.

Ese ser esencial, nuestra esencia *real*, es un campo de conciencia que interactúa con su propio ser para después convertirse en mente y cuerpo. En otras palabras, somos conciencia o espíritu, el que después concibe, construye, gobierna y se convierte en la mente y el cuerpo. El verdadero yo es inseparable de los patrones de inteligencia presentes en todas las fibras de la creación.

En el nivel más profundo de la existencia, somos el Ser y estamos en ninguna parte y en todas partes a la vez. No hay otro "yo" que no sea la totalidad del cosmos. La mente cósmica crea el universo físico y la mente personal lo experimenta. Pero en realidad, la mente cósmica y la mente personal están permeadas por la conciencia infinita. La conciencia infinita es nuestra fuente y toda manifestación es inherente a ella.

La conciencia infinita, al observarse a sí misma, crea la noción del observador o el alma; el proceso de observación, o la mente, y el objeto de la observación, o sea el cuerpo y el mundo. El observador y el observado crean relaciones recíprocas, o sea el espacio. El movimiento de esas relaciones da lugar a sucesos, o sea el tiempo. Pero ellos no son otra cosa que la conciencia infinita misma.

En otras palabras, somos conciencia infinita con un punto de vista localizado. No obstante, todo nuestro sistema de pensamiento separa al observador de lo observado; divide la conciencia infinita en un mundo de objetos separados en el tiempo y el espacio. El intelecto nos aprisiona en una jaula de imágenes ficticias, una red asfixiante de espacio, tiempo y causalidad. Como consecuencia de ello perdemos contacto con la verdadera naturaleza de nuestra realidad, la cual es poderosa, ilimitada, inmortal y libre.

Todos somos prisioneros del intelecto. Expresado en una frase sencilla, el error del intelecto es el siguiente: confunde la *imagen* de la realidad con la realidad misma. Comprime el alma dentro del volumen de un cuerpo, dentro del lapso de una existencia, lanzando el hechizo de la mortalidad. La *imagen* del ser oculta al Ser infinito y nos hace sentir desconectados de la conciencia infinita, de nuestra fuente. Así nacen el temor, el sufrimiento y todos los problemas de la humanidad, desde los temores menores hasta las grandes catástrofes como la guerra, el terrorismo y todos los demás actos de degradación humana. Para quien está atrapado en la prisión del intelecto, todo es sufrimiento. Sin embargo, la causa de ese sufrimiento se puede evitar. El hecho de desconocer nuestra verdadera naturaleza hace que el ser interior quede en las sombras. Pero cuando se destruye la ignorancia, la naturaleza poderosa e ilimitada del ser interior nos es revelada.

Esto puede sonar extraño y abstracto en un principio, pero a medida que aceptamos esta noción y la comprendemos, llegamos al descubrimiento más asombroso y es que nuestro verdadero ser es inmaterial y, por tanto, no está sujeto a las limitaciones del espacio, el tiempo, la materia y la causalidad. El alma, el espíritu, el yo esencial, está mucho más allá de todo eso. En este mismo momento, usted está rodeado por un campo de conciencia pura. La conciencia pura ilumina y anima su mente y su cuerpo; es poderosa, invencible, ilimitada y libre. La conciencia pura, el espíritu eterno, anima toda la existencia, lo cual significa que es omnisciente (que todo lo sabe), omnipresente (que está presente en todos los sitios al mismo tiempo), y omnipotente (que todo lo puede).

Ahora, no tiene que preocuparse si no logra comprender esto totalmente. En los capítulos siguientes examinaremos más detenidamente las diferentes expresiones del espíritu, el ser interior, la fuente de todo lo que existe. A medida que lea estás páginas irá comprendiendo mejor quién es usted realmente. Una vez que haya captado plenamente esta idea, su vida se asentará en la dicha. No solamente tendrá el poder para hacer realidad todos sus deseos, sino que también gozará de gracia y de libertad verdadera. Esto significa que nunca experimentará temor, ni siquiera el temor de la muerte.

∽

PUNTOS CENTRALES

◆ Usted es un campo de conciencia; su verdadera esencia es la conciencia pura o el espíritu, el cual se convierte a la vez en mente y cuerpo.

- El intelecto confunde la *imagen* de la realidad con la realidad misma, y esa imagen oculta *su verdadero yo.*

- Cuando usted se identifique con su esencia real, podrá escapar de la prisión del intelecto y entrar en el mundo de lo infinito, sin ataduras y con libertad total.

· 3 ·

¿Por qué olvido quién soy?

❧

*Superstición: Creencia basada en el temor o en
la ignorancia de las leyes de la naturaleza*

¿Qué es esta cosa a la cual denominamos *cuerpo*;
qué es esta cosa a la cual denominamos
mente? Como veremos, nuestras nociones tradicionales
acerca del cuerpo y la mente se derivan de unas ideas
obsoletas o *supersticiones* en las cuales hemos aprendido a creer. La experiencia sensorial y el condicionamiento social nos llevan a olvidar lo que somos.
Hay una realidad más profunda que el cuerpo; hay

una realidad más profunda que la mente. Esa realidad profunda es la que anhelamos experimentar porque de ella emanan tanto el cuerpo como la mente.

La física cuántica nos enseña que el mundo está compuesto por un campo subyacente de inteligencia que se manifiesta a través de la diversidad infinita del universo. El campo de inteligencia experimentado subjetivamente es la mente; ese mismo campo, experimentado objetivamente, es el mundo de los objetos materiales. La mente y la materia no son entidades independientes, puesto que en su esencia son idénticas. Nuestro ser esencial, despojado de las capas superficiales de la mente y el cuerpo, no es mente ni materia, sino la fuente de ambas. En otras palabras, el cuerpo humano es al mismo tiempo la mente humana. Somos en realidad un cuerpo-mente inseparable. No podemos confinar la mente al cerebro y tampoco al cuerpo, porque la mente se extiende más allá del cuerpo a todo el universo.

La superstición del materialismo enseña que el cuerpo humano es un cúmulo sólido de materia separado de los demás objetos tanto en el tiempo como en el espacio. Pero los objetos "sólidos" no lo son realmente y tampoco están separados entre sí en el tiempo y el espacio. Los objetos son puntos focales o concentraciones de inteligencia dentro del campo de inteligencia. En el nivel más fundamental de la naturaleza no hay fronteras delimitadas entre nuestro cuerpo personal y el del universo. Este conocimiento nos libera de la alucinación de estar separados residiendo en cuerpos independientes.

Si pudiéramos ver el cuerpo tal como es *realmente*, como lo ven los físicos, veríamos un gigantesco vacío con unos cuantos puntos dispersos y unas cuantas descargas aleatorias. El cuerpo está hecho de átomos, los cuales a su vez están compuestos de partículas que giran a velocidad vertiginosa alrededor de unos espacios vacíos gigantescos. Los físicos han designado estas partículas con nombres curiosos como *leptones, quarks, mesones,* y así sucesivamente. Estas partículas nos proporcionan la experiencia de la materia a través de los sentidos, pero no hay duda de que no son entidades materiales. Estas partículas son fluctuaciones de información y energía existentes en un gran vacío. Las partículas brotan incesantemente del vacío, se crean, rebotan, chocan y desaparecen nuevamente en el vacío.

El campo de inteligencia responsable de la expresión material del cuerpo consta principalmente de fluctuaciones cuánticas en el espacio vacío. El cuerpo humano *mismo* consta principalmente de un espacio vacío, pero no es la nada; es una plenitud de inteligencia inmaterial. Es conciencia pura.

El punto fundamental es que nuestra naturaleza real es un campo inmaterial de inteligencia. Algunos científicos denominan este campo esencial de nuestro ser *el campo unificado*, porque es el que constituye todo el universo. Y cuando este campo de inteligencia piensa e interactúa consigo mismo se manifiesta a través del mundo material.

La superstición del materialismo ve al cuerpo humano como una escultura congelada fija en el espacio y el tiempo, cuando en realidad el cuerpo-mente es un patrón cambiante y vibrante de inteligencia. Es un río de energía e información, un patrón fluido, y dinámico de energía cambiante que se crea a sí misma constantemente. Heráclito, el filósofo griego, decía, "Es imposible bañarse dos veces en el mismo río porque el agua de su corriente siempre es nueva". Asimismo, no podemos estar en el mismo cuerpo dos veces porque en cada segundo de nuestra existencia nuestro cuerpo intercambia energía e información con nuestro cuerpo extendido, es decir, el universo.

Basta con examinar cualquier proceso (la respiración, la comida, la digestión, el metabolismo y hasta el pensamiento, el cual es fundamentalmente una fluctuación de energía e información en el cuerpo) para reconocerlo rápidamente y sin esfuerzo que renovamos nuestro cuerpo en cada segundo de nuestra existencia.

Con cada respiración inhalamos miles de millones de átomos que terminan finalmente convertidos en células del corazón, de los riñones, del cerebro, etcétera. Con cada respiración exhalamos partículas de nuestros órganos y tejidos, intercambiándolas con la atmósfera de este planeta, en un proceso dramático. Los estudios con radioisótopos demuestran que el cuerpo renueva el 98% de todos sus átomos en menos de un año. El cuerpo fabrica un nuevo revestimiento gástrico cada cinco días, una piel nueva una vez al mes, un hígado nuevo cada seis semanas y un esqueleto nuevo cada tres meses. Hasta nuestro ADN, el material genético que contiene la memoria de miles de millones de años de evolución, no era el mismo hace seis semanas. Así, si usted cree ser su cuerpo físico, ¿de cuál cuerpo está hablando? El cuerpo que tiene hoy no es el mismo que tenía hace tres meses.

La superstición del materialismo considera que el cuerpo es una máquina física que ha aprendido de alguna manera a pensar, cuando la realidad es que la conciencia infinita crea de alguna manera la mente y después se expresa en forma de cuerpo. El cuerpo es un patrón de inteligencia en un campo de conciencia pura. De este campo de conciencia, este espacio principalmente "vacío" de nuestro cuerpo, emergen los pensamientos, los sentimientos y las emociones, los cuales se convierten después en las moléculas del cuerpo.

El pensamiento, en un nivel primordial, es un impulso de energía e información proveniente del campo de la conciencia pura. El pensamiento es ese impulso leve que experimentamos todo el tiempo en nuestra conciencia y que nos motiva a beber agua o a caminar de aquí para allá. Pero no es solamente un pensamiento; es una sensación, un deseo, un instinto, un impulso, una noción, una idea. A ese nivel de la existencia, cuando pensamos, fabricamos moléculas, y la investigación científica ha demostrado lo cierto que es esto.

Cuando tenemos un pensamiento o una sensación, nuestro cerebro fabrica una serie de agentes químicos conocidos como *neuropéptidos* — *neuro* porque se identificaron primero en el cerebro, y *péptidos* porque son moléculas tipo proteínas. Es así como las células cerebrales se comunican entre sí, no en español, sino en el lenguaje de los mensajeros químicos del espacio interior. Los científicos nos dicen que en la superficie de las células cerebrales hay unos receptores para esos mensajeros químicos, y cuando una célula cerebral desea comunicarse con otra de su tipo, fabrica unos neuropéptidos que se adhieren a los sitios receptores de las otras células cerebrales. Por tanto, pensar equivale a practicar química cerebral.

Pero cuando los científicos estudian otras partes del cuerpo, encuentran allí también receptores para estos mensajeros químicos equivalentes al pensamiento. Esos receptores están no solamente en las células cerebrales sino en las del estómago, el corazón, el colon, el riñón y demás. Las células gástricas, las células cardíacas y otras células generan las mismas sustancias químicas que el cerebro fabrica cuando piensa. Por tanto, tenemos un cuerpo pensante.

No podemos aprisionar a la mente dentro del cerebro; la mente está en todas y cada una de las células del cuerpo. Cuando decimos, "Mi corazón está triste" o "Siento que reviento de alegría", es la verdad, porque eso es precisamente lo que sucede a nivel químico de la célula, es decir, en el nivel más fundamental. O cuando decimos, "Siento una corazonada" no es una metáfora. La frase es literal porque el corazón fabrica exactamente las mismas sustancias químicas que el cerebro fabrica cuando piensa. En efecto, la corazonada puede ser más precisa que el intelecto porque quizás las células del corazón no hayan evolucionado aún hasta el punto de dudar de sí mismas.

Cuando nos sentimos tranquilos, nuestro cuerpo está fabricando un tranquilizante semejante a los que fabrican las compañías farmacéuticas, pero sin el efecto del embotamiento. Cuando nos sentimos preocupados, nuestro cuerpo está fabricando unas moléculas igualmente inquietas, y no solamente en las glándulas suprarrenales, sino en todo el cuerpo. Cuando nos sentimos exultantes, nuestro cuerpo está fabricando inmunomoduladores que actúan como fármacos potentes en contra del cáncer. Las células de nuestro sistema inmune, las cuales nos protegen contra el cáncer, las infecciones y las enfermedades degenerativas, también tienen receptores para los mensajeros químicos que constituyen el material equivalente al pensamiento. El sistema inmune es un sistema nervioso circulante; es inteligente y recorre constantemente el cuerpo. Por tanto, no podemos tener un pensamiento, una sensación o un deseo sin que nuestro sistema inmune se entere. Las células del sistema inmune espían permanentemente nuestro diálogo interno.

Cuando pensamos, cuando soñamos, cuando tenemos el más leve impulso de inteligencia en nuestra conciencia, las células inmunes responden fabricando las mismas sustancias químicas que el cerebro produce cuando piensa. Las células del sistema inmune son unos seres minúsculos conscientes poseedores de sus propias nociones, su propia inteligencia y sus propias emociones.

Esto podría sonarle muy esotérico, pero es un hecho científico. Su sistema inmune es pensante y puede distinguir entre una bacteria amiga y otra enemiga, entre un elemento carcinogénico y un agente químico inocuo. Cuando su cuerpo detecta una bacteria, aunque sea la primera vez que se encuentra con ella, recuerda la primera vez que un ser humano se encontró con esa misma bacteria en el transcurso de la historia evolutiva de la especie, y entonces procede a producir el anticuerpo exacto contra ella.

Usted posee una farmacia interna que es verdaderamente perfecta. El cuerpo es capaz de fabricar cualquier cosa, en la dosis exacta, en el momento preciso, para el órgano indicado, sin efectos secundarios y sin necesidad de instrucciones pues ya vienen incluidas. Esta capacidad demuestra una inteligencia profunda y el cuerpo es realmente ese campo de inteligencia.

¿Pero qué tiene que ver todo esto con el poder, la libertad y la gracia? Si realmente comprendiera que usted es el mismo campo de inteligencia a partir del cual emanan el cuerpo, la mente y todo el cosmos, si pudiera reconocerlo a nivel intelectual y de la experiencia, entonces ¿por qué no podría tener el poder de manifestar las cosas? ¿Por qué no podría tener la libertad de la conciencia ilimitada? ¿Cómo podría *no vivir* en la gracia? Si realmente pudiera comprender quién es usted, ¿cuál aspecto de la conciencia pura no estaría a su disposición? Usted sabría que es a la vez el observador y el observado, el danzante y la danza, el deseo y la realización. Sabría que es un campo de potencialidad pura con el poder para crear.

Hay un antiguo proverbio indio que dice: "Al replegarme en mi mismo creo una y otra vez. Creo la mente, creo el cuerpo, creo las percepciones, creo el universo. Creo todas esas cosas a las cuales denomino realidad".

Cuando reconocemos que nuestro cuerpo-mente es un campo de conciencia pura, ya no tenemos necesidad de aferrarnos a lo transitorio e irreal. Tampoco retrocedemos asustados ante esa realidad. Nos sentimos libres como hojas al viento, tan libres como el viento mismo. Y no hay nada tan valioso como la libertad de la conciencia pura e ilimitada. Esa libertad, esa liberación, es la iluminación.

Los Vedas afirman, "Conoce aquello que al conocerse permite conocer todo lo demás". Las limitaciones del mundo desaparecen para quien conoce el Ser.

⌁

PUNTOS CENTRALES

◆ Olvidamos quiénes somos porque la sociedad nos ha condicionado para que confiemos en nuestros sentidos y creamos en la superstición del materialismo.

◆ Somos inseparables del campo de inteligencia a partir del cual se crea todo el cosmos. Ese conocimiento nos libera de la alucinación de tener un yo separado que vive en un cuerpo separado de todo.

◆ Cuando nos damos cuenta de que nuestro cuerpomente es un campo de conciencia pura, reconocemos poseer el poder, la libertad y la gracia. Por consiguiente, la felicidad está en conocer nuestra verdadera naturaleza, la cual es todas esas cosas.

· 4 ·

¿Cómo participo en la creación de mi realidad?

❧

Causalidad: Acto de causar; todo lo que produce un efecto.

Nuestros sentidos nos dicen que los sucesos tienen lugar en el tiempo y el espacio. Hay un pasado, un presente y un futuro, y el mundo funciona a través de unas relaciones lineales de causa y efecto. Así, cada vez que opto por algo, genero un efecto, el cual a su vez se convierte en la causa de otro. Las cosas deben suceder una a la vez. Debo ir de aquí hasta allá y de un lugar a otro. Eso hace que se produzca una línea de tiempo.

Aunque es así como nuestros sentidos experimentan el mundo, éste no es así realmente. El mundo es sincrónico y fortuito y todo en él ocurre simultáneamente. Hay un sinfín de posibilidades que coexisten al mismo tiempo. Todo sucede a la vez y todo se correlaciona y se sincroniza instantáneamente con todo lo demás. Esta simultaneidad solamente puede suceder a través de la llamada *correlación infinita*. La correlación infinita es la capacidad para realizar una infinidad de cosas y correlacionarlas al mismo tiempo.

El cuerpo humano es el mejor ejemplo de la correlación infinita porque es un campo de simultaneidad en el cual la física, la química, la biología y las matemáticas convergen para crear la experiencia de la vida. El cuerpo tiene cien trillones de células, número muy superior a todas las estrellas de la Vía Láctea. Cada célula realiza un sinnúmero de funciones cada segundo, sabe instantáneamente lo que hacen las otras células, y correlaciona su actividad con la de ellas. No hay *tiempo* para que una célula le diga a la otra, "Oye, digeriré el alimento, de manera que tú debes esperar y no generar pensamientos por ahora". Las células del estómago digieren el alimento mientras que las células cerebrales generan pensamiento, la vesícula biliar fabrica bilis y el sistema inmune se ocupa de eliminar los gérmenes. Las células no solamente hacen más de una cosa a la vez sino que todas llevan la cuenta de lo que hacen las demás. Si no fuera así, habría una situación de enorme confusión en el cuerpo.

Al mismo tiempo que correlaciona todas esas actividades, nuestro cuerpo está atento al movimiento de la Tierra, la luna, los planetas, las estrellas y todo el cosmos. Nuestro cuerpo, nuestra mente, nuestras emociones y toda nuestra fisiología cambian constantemente, dependiendo de la hora del día, los ciclos de la luna, las estaciones y hasta las mareas.

Nuestro cuerpo es parte del universo y todo lo que sucede en el universo termina repercutiendo en nuestra fisiología. Los ritmos biológicos son una expresión de los ritmos de la Tierra en su relación con todo el cosmos. Cuatro de estos ritmos, los ritmos diurnos, los ritmos de las mareas, los ritmos lunares o mensuales y los ritmos anuales o estacionales, son la base de todos los demás ritmos de nuestro cuerpo.

Debido a la rotación de la Tierra sobre su eje nosotros experimentamos un ciclo de veinticuatro horas constituido por el día y la noche, el cual se denomina *ritmo circadiano*. Este ritmo se basa en la rotación de la tierra y puesto que todo nuestro cuerpo es parte de la Tierra, todo en él rota también siguiendo el ritmo del planeta. Cuando este ritmo se perturba a causa de un viaje largo, por ejemplo, experimentamos malestar. O si trabajamos en el turno de la noche, aunque descansemos durante el día, no nos sentimos bien del todo porque nuestros ritmos biológicos dejan de estar en armonía con los ritmos cósmicos.

Los datos científicos demuestran que si exponemos a un animal a una cierta dosis de radiación a una hora del día, ésta podría tener un efecto benéfico. Sin embargo, si lo exponemos a la misma dosis de radiación doce horas después, el animal podría morir. ¿Por qué? Porque su fisiología ha cambiado completamente en ese período de doce horas. La experiencia subjetiva, por leve que sea, nos indica que a ciertas horas del día sentimos hambre mientras que a otras horas del día sentimos sueño. Sabemos que nos sentimos de una cierta forma a las cuatro de la tarde, y de otra a las cuatro de la madrugada.

Los ritmos de las mareas también ejercen un efecto sobre la fisiología humana. Esos ritmos son el producto del efecto gravitacional que ejercen el sol, la luna y las estrellas de las galaxias lejanas sobre los océanos del planeta Tierra. En nuestro interior tenemos un océano semejante a los océanos del planeta. Más del 60% de nuestro cuerpo es agua, y más del 60% del planeta es agua. Por tanto, en nosotros operan una marea alta y una marea baja, haciendo que las mareas suban y bajen en nuestra fisiología. Cuando nos sentimos alterados, nuestro cuerpo está en desarmonía con el cuerpo del universo. Pasar tiempo cerca del mar o en la naturaleza en general nos ayuda a sincronizar nuestros ritmos con los de ella.

El ritmo lunar es un ciclo de veintiocho días que se produce como resultado del movimiento recíproco de la Tierra, el sol y la luna. Este ritmo se hace evidente a través de las fases de la luna. Vemos la luna nueva, la luna creciente, la luna llena y después el ciclo comienza nuevamente. La fertilidad humana y la menstruación son ejemplos claros de los ritmos lunares, pero no son los únicos. En la sala de urgencias donde trabajé como médico en una época sabíamos que había períodos en los cuales había más problemas de determinado tipo dependiendo de la hora del día y los ciclos de la luna.

Con el movimiento de la Tierra alrededor del sol experimentamos los ritmos estacionales a través de cambios bioquímicos claros en nuestro cuerpo-mente. Así, somos más susceptibles de enamorarnos en la primavera o de deprimirnos durante el invierno. Hay una condición denominada trastorno afectivo estacional en la cual el paciente se deprime en invierno pero mejora cuando se expone a la luz solar. Los cambios estacionales no solamente afectan la bioquímica del cuerpo humano sino también la bioquímica de los árboles, las flores, las mariposas, las bacterias y todos los demás elementos de la naturaleza.

La Tierra se inclina sobre su eje en primavera y las plantas florecen, los topos salen de la tierra, las aves migran, los peces regresan a sus sitios de desove y se inician los rituales de apareamiento. Las personas se sienten inclinadas a escribir poemas, los enamorados cantan y los corazones, jóvenes o viejos, se enamoran. Los ritmos estacionales nos afectan biológica, mental y emocionalmente, todo ello como resultado de la relación entre la Tierra y el sol.

Hay otros ciclos y ritmos que oscilan apenas durante unos cuantos segundos, entre ellos las ondas cerebrales y las corrientes eléctricas del corazón, y hay otros ritmos que duran desde treinta minutos hasta veintiocho horas, denominados *ritmos ultradianos*. Hay ciclos que son parte de otros ciclos y, aunque todo termina siendo muy complicado, la sinfonía es una sola. Todos estos ritmos crean la sinfonía del universo, y el cuerpo-mente está tratando constantemente de sincronizar sus ritmos con los del universo.

Independizar el cuerpo-mente del resto del cosmos es tener una percepción errónea de la realidad.

El cuerpo-mente es parte de una mente más grande, es parte del cosmos; y los ritmos cósmicos provocan cambios profundos en nuestra fisiología. El universo es realmente una sinfonía estelar. Cuando nuestro cuerpo-mente está sincronizado con esa sinfonía, todo sucede espontáneamente y sin esfuerzo, y la exuberancia del universo fluye a través nuestro en forma de éxtasis.

La expresión real del cuerpo-mente es ese campo de inteligencia en el cual están embebidas todas las células y que correlaciona todas esas actividades debajo del nivel de nuestra conciencia. Los científicos podrían decir que esta expresión del cuerpo-mente es la *correlación infinita*. Pero no siendo científicos, nosotros podríamos decir que el cuerpo-mente se caracteriza por ser *omnisciente, omnipresente* y *omnipotente*.

Aunque podría parecer que me expreso en términos místicos, esta afirmación es exacta desde el punto de vista científico. ¿Cuál podría ser un ejemplo más dramático de la omnisciencia, la omnipresencia y la omnipotencia? La mente lo sabe todo simultáneamente, está en todas partes al mismo tiempo y es todopoderosa. Siendo parte del vasto campo de inteligencia, la mente llega más allá de los confines del cosmos. Aunque encuentra su expresión en formas y fenómenos localizados, la mente no es local, lo cual significa que no puede confinarse a un solo sitio.

Tampoco el tiempo es local. El hecho de poder localizar el tiempo es apenas un artificio de la percepción basado en la calidad de nuestra atención. Este momento es el centro de la eternidad, pero lo mismo puede decirse de todos los demás momentos porque la eternidad se extiende a lado y lado de cada momento. No hay pasado ni futuro, entonces o ahora, antes o después; solamente hay un momento eterno. Toda experiencia se experimenta en la conciencia del momento presente, en el aquí y el ahora y en ninguna otra parte.

Aunque tendemos a pensar que el tiempo existe, basta con preguntarle a un físico si el tiempo es un objeto o una noción. ¿Realmente existe el tiempo, o es apenas un concepto para explicar la experiencia del cambio en nuestro entorno? Un físico cuántico dijo una vez que "No se ha hecho experimento alguno que demuestre la existencia del tiempo". El tiempo no es una cosa; el tiempo es una *idea*.

Los físicos han abandonado el término *tiempo* y ahora se inclinan a hablar de un *continuo de espacio y tiempo* porque saben que el tiempo es un fenómeno relativo y no absoluto. El movimiento del planeta Tierra alrededor de su eje y alrededor del sol a miles de kilómetros por hora da lugar a nuestra experiencia del tiempo. Pero el tiempo es una ilusión; es un diálogo interno del que nos valemos para explicar nuestra experiencia o nuestra forma de percibir el cambio y las relaciones.

La conciencia es infinita, ilimitada y eterna, lo cual significa que no tiene principio ni fin, ni fronteras en el tiempo o el espacio. ¿Cómo medir algo que es infinito? Es imposible. Toda medición es conceptual y el infinito está más allá de lo conceptualizable. Entonces podemos decir que el tiempo es el medio del que se vale la conciencia para medir el espacio o la separación entre una experiencia y otra. Al medirse a sí misma, la conciencia crea la experiencia del tiempo y también la del espacio. El continuo del espacio y el tiempo crea la experiencia de causa y efecto, la cual crea a su vez la experiencia del mundo material.

¿Cómo se aplica todo esto a nosotros? Bueno, la forma como *interpretamos* el concepto del tiempo (la forma como *metabolizamos* nuestra experiencia del tiempo) provoca cambios fisiológicos claros en el cuerpo-mente. Este es un aspecto fascinante de nuestra biología. Permítanme dar algunos ejemplos.

El ritmo circadiano, el cual controla los ciclos de sueño y reposo, apetito y eliminación, se perturba fácilmente cuando en un viaje atravesamos varias zonas horarias. Sin embargo, una vez cuando volaba de Boston a Londres coincidí con un viejo amigo. La pasamos tan bien conversando que el "tiempo pasó volando". Aunque fue un vuelo de seis o siete horas, a nosotros nos pareció que habíamos llegado en un santiamén. Olvidamos dormir, olvidamos comer, olvidamos levantarnos al baño. Cuando llegamos a Londres ni siquiera sentimos el efecto del cambio de horario.

¿Qué nos sucedió? Bueno, esa noción sutil de que el "tiempo había pasado volando" hizo que el cambio de zona horaria no afectara nuestra biología.

Hay muchos experimentos que han demostrado que nuestra forma de interpretar el tiempo influye sobre nuestra biología. Por ejemplo, ¿qué significa para usted la palabra *lunes*? Hay un hecho sorprendente y es que en nuestra cultura se producen más muertes los días lunes a las nueve de la mañana que en ningún otro momento de la semana. Esa es una hazaña desconcertante por la cual sólo los seres humanos pueden llevarse el crédito. Al parecer, no hay otro animal que conozca la diferencia entre el lunes y el martes. ¿Y cuál es la diferencia? La diferencia radica en una idea, una noción, un pensamiento, lo que el lunes significa para nosotros o la forma como lo *interpretamos*. Hay quienes dicen, "se me agota el tiempo" porque tienen diez cosas que cumplir. Se pasan la vida tratando de "ganarle la partida al tiempo". Miran el mismo reloj que usted y yo pero, para ellos, los minutos pasan más rápido a causa de su forma de percibir el tiempo internamente. Si midiéramos sus respuestas biológicas, veríamos que su frecuencia cardíaca es más rápida, su presión arterial más alta, sus niveles de insulina también son más altos, y tienen más arritmias por minuto. Y cuando un buen día se caen muertos a causa de un infarto, es porque en realidad se les agotó el tiempo. Han convertido en una experiencia física esa experiencia interna de que el tiempo se les agota.

Hay otras personas cuyo diálogo interno les dice que tienen todo el tiempo del mundo y así es como interpretan el tiempo. Son personas cuya frecuencia cardíaca es más lenta, tienen una presión arterial más baja, sus respuestas biológicas son mucho más estables y viven más tiempo.

Por otro lado, hay momentos en que el tiempo parece detenerse, como cuando decimos, "La belleza de la montaña me dejó sin aliento. *El tiempo se detuvo*". Cuando el tiempo se detiene, el pensamiento hace lo propio. Cuando el pensamiento se detiene, la experiencia física del cambio se detiene también. En efecto, lo que los científicos denominan *entropía* o envejecimiento,

también se detiene en esos momentos porque el envejecimiento es, en parte, una expresión de nuestra manera
de metabolizar o interpretar el tiempo.

Siendo residente de medicina trabajé en un pabe-
llón psiquiátrico y me di cuenta de que algunos de los
pacientes con psicosis no tenían concepto del tiempo.
El resultado es que parecían no envejecer. Conocí a
una mujer de sesenta años que parecía tener treinta. Y
como ella había muchos. ¿Por qué? Porque para ellos
no existía ni siquiera el concepto del tiempo y, para
comenzar, el tiempo no es más que un concepto.

Entonces, para traer todo esto nuevamente al terre-
no de lo práctico, todas esas experiencias diferentes
del tiempo no son otra cosa que interpretaciones de
nuestra conciencia. La forma como interpretamos el
tiempo, el espacio y la realidad física determina nuestra experiencia de la realidad física, incluida la experiencia del cuerpo físico. Nuestro cuerpo es el producto
final del metabolismo de nuestras experiencias senso-
riales y de nuestra forma de *interpretar* dichas experiencias. ¿Cómo experimenta usted el tiempo o el cambio?

Si usted está siempre de afán y tratando de ganarle al tiempo o de competir con él, está provocando unos cambios acelerados en su biología. Por otra parte, si su interpretación del tiempo se asemeja más a la realidad, es decir, que solamente hay un presente eterno, entonces su biología reflejará esa noción más real.

En el presente es posible experimentar el pasado; en el presente es posible prever el futuro. Pero si logramos *permanecer* en el presente, *estar* en el presente, entonces hasta los cambios físicos que ocurren normalmente con el paso del tiempo dejan de producirse en nuestro cuerpo. Un maestro védico decía: "La única razón por la cual las personas envejecen y mueren es porque ven a otras personas envejecer y morir".

Nos convertimos en lo que vemos; nos convertimos en lo que tocamos. Hasta nuestros recuerdos se transforman constantemente en reacciones físicas a nivel del cuerpo. Nuestra interpretación de la realidad, nuestra interpretación del cuerpo-mente, genera toda clase de reacciones químicas internas. Esas interpretaciones se convierten en recuerdos, los cuales desencadenan espontáneamente unas transformaciones, sin que nos percatemos de ello. ¿Y dónde están localizados esos recuerdos? Esos recuerdos están en todas partes. Sin ser locales, esos recuerdos están presentes en el alma, se manifiestan en nuestras células cerebrales, y se codifican en cada una de las células de nuestro cuerpo.

Nuestro cuerpo es un campo de ideas, y el cuerpo que usted experimenta en este preciso momento es una expresión de todas las ideas que usted tiene respecto de él. Si usted considera que su cuerpo es una máquina física que debe envejecer de una determinada manera, que se desequilibra a causa de los cambios ambientales, todas esas ideas se traducen en cambios químicos en su cuerpo. Si esas nociones cambian (y cambiarán como consecuencia de los descubrimientos científicos), ese simple cambio en la forma de *ver* el cuerpo producirá en él unas transformaciones espontáneas.

En su calidad de patrón de inteligencia en un vasto campo de inteligencia, usted participa en la creación del mundo que experimenta. Ese mundo de "allá afuera" puede parecerle objetivo, pero en realidad es subjetivo; es el producto de sus propias interpretaciones. Aprendemos a interpretar el mundo a través de nuestros sentidos y eso es lo que da lugar a nuestras experiencias perceptivas, incluida nuestra experiencia del cuerpo-mente.

Un ejemplo interesante de la forma como el cuerpo-mente interpreta, construye y participa en su propia experiencia es el del efecto placebo. Hace años, los médicos descubrieron que administrando píldoras de azúcar a sus pacientes diciéndoles que les servirían para calmar el dolor, un 30% de ellos sentían alivio. Esta respuesta se conoce como el *efecto placebo*.

Posteriormente se descubrió que el efecto placebo no se produce solamente en casos de dolor sino también en otras condiciones. Así, cuando un médico le da a un paciente una píldora diciéndole, "Esto le servirá para mejorar su condición cardíaca", la simple noción consciente de esa "verdad", hace que el paciente fabrique una sustancia química que tiene el efecto de disminuir la presión arterial y mejorar el flujo sanguíneo al corazón.

El efecto placebo es importante para comprender la conexión del cuerpo-mente porque básicamente constituye una *interpretación* que hacemos para nosotros mismos. No necesitamos recurrir a las afirmaciones; basta con tener la simple noción de que "Esto aliviará mi dolor", para que el cuerpo-mente lo haga realidad produciendo esas sustancias químicas poderosas.

Ahora bien, lo contrario del efecto placebo es el efecto *nocebo*. Supongamos que una paciente entra al consultorio del médico y éste le dice, "Señora López, lamento decirle que tiene usted un cáncer de seno que ya ha hecho metástasis a los huesos. Tiene tan sólo seis meses de vida". Si la señora López es de las personas que cree todo lo que dicen los médicos, bien puede traducir esa noción en un desenlace fatal. ¿Y qué es el efecto nocebo? Sencillamente otra interpretación que hacemos para nosotros mismos.

Reconocer el poder de la interpretación es asumir una nueva definición del cuerpo-mente. Podemos hacer cosas maravillosas con este cuerpo. Podemos evocar una respuesta curativa en nuestro interior porque nuestra farmacia interna está en capacidad de fabricar los remedios indicados. Podemos reestructurar completamente la expresión física del cuerpo reestructurando nuestra forma de percibir el tiempo, quizás hasta el punto de retardar o hasta revertir el proceso de envejecimiento.

El cuerpo-mente del ser humano es parte de un campo de inteligencia pensante y consciente. En cada segundo de nuestra existencia, la expresión local a la que llamamos *cuerpo-mente* está intercambiando energía e información con la expresión no local a la cual llamamos *universo*. Lo que sucede es que lo hacemos inconscientemente. Las personas del común tienen cerca de sesenta mil pensamientos al día. No hay nada de sorprendente en eso. Lo que desconcierta un tanto es que el 95% de los pensamientos que tenemos hoy son los mismos que tuvimos ayer. Todos los días creamos inconscientemente los mismos patrones de energía que dan lugar a la misma expresión física del cuerpo.

Imagine que pudiera cambiar los ladrillos de un edificio todos los años pero insistiera en aferrarse a la noción de que solamente hay una forma de crear el edificio, ya sea por la fuerza de la costumbre o por no saber cómo hacerlo de otro manera. Por tanto, año tras año pondría los ladrillos en el mismo lugar, obteniendo exactamente el mismo edificio. Bien, si usted tiene la noción de que el cuerpo debe debilitarse, envejecerse o enfermarse con el paso del tiempo, esa noción se traduce en esos patrones de energía.

Todas las interpretaciones que hacemos en cada momento tienen un efecto sobre los patrones de energía de nuestro cuerpo. Pero estamos en capacidad de modificar nuestras interpretaciones, porque somos los autores. Tenemos el poder de elegir. Sin embargo, la mayoría de las personas son víctimas del pensamiento social; están bajo la hipnosis del condicionamiento social. Nuestros sentidos captan menos de una billonésima parte de los estímulos que están a nuestra disposición, y nuestro condicionamiento social refuerza aquello que consideramos posible y edita aquello que no consideramos posible. Debemos despertar y rebasar esa hipnosis; debemos llegar a un nivel más profundo, dejando atrás el condicionamiento social. ¿Cómo hacerlo? Presenciando la totalidad del proceso y tomando conciencia de él, para luego entender que existen diferentes opciones.

Imagine que su sistema nervioso es la computadora y que todos los cambios químicos que ocurren en su cuerpo son el programa de cómputo. El programa, el *software*, cambia de acuerdo con sus pensamientos, sentimientos, interpretaciones y deseos. Pero hay un programador. ¿Quién es ese programador? Es el ser interior, el *testigo silencioso*, la conciencia siempre presente que todo lo presencia. Y si usted entra en contacto con el testigo silencioso, desarrollará la capacidad para reescribir el programa.

En su calidad de testigo silencioso, usted reconoce que es quien piensa los pensamientos. Cuando dice, "Tengo una idea sobre esto o aquello" hay implícito un pensador detrás de la idea. El pensador, el testigo silencioso, es la brecha de silencio entre los pensamientos.

No se la puede encontrar ni en el cuerpo ni en la mente porque está más allá de ambos. Entre cada pensamiento hay un pequeño espacio de silencio donde se encuentra su verdadero *ser*. Esa brecha es el corredor, la ventana, el remolino transformador a través del cual usted, la mente personal, se comunica con la mente cósmica.

El testigo silencioso es el programador, el que tiene las ideas, el que elige. El testigo silencioso es la parte suya que no cambia. Si usted logra hallar esa parte suya que *no* cambia, podrá transformar la parte suya que *sí* cambia. No es algo que deba hacer mediante afirmaciones de que su cuerpo es esto o aquello. No necesita lavarse el cerebro. Sencillamente debe comprender o adquirir ese conocimiento para provocar transformaciones en su cuerpo.

Familiarizarse con el milagro del cuerpo-mente del ser humano equivale a adquirir un poder inmenso. Se trata de un poder mágico porque permite experimentar el cuerpo-mente como algo mucho más fluido, flexible, dinámico y creativo de lo que nunca imaginó. Sin embargo, primero debe comprender su verdadera naturaleza; debe conocer el cuerpo-mente tal y como es. El campo de conciencia pura crea, controla y se convierte constantemente en el cuerpo-mente. Basta con entrar en contacto con ese campo para adquirir una realidad completamente diferente de la mente y una experiencia completamente diferente del cuerpo. Es reconocer que podemos cambiar el cuerpo con menos esfuerzo, y con mayor rapidez y eficiencia que cuando nos cambiamos de ropa.

⁓

Puntos centrales

• Participamos en la creación de nuestra realidad por la forma como interpretamos nuestra experiencia sensorial. El mundo es producto de nuestras propias interpretaciones.

• El cuerpo humano es un campo de ideas y el cuerpo que experimentamos es una expresión de las ideas que tenemos acerca de él.

◆ Cuando los ritmos de nuestro cuerpo-mente están en sintonía con los ritmos de la naturaleza, todo sucede sin esfuerzo y el universo fluye a través nuestro en un canto de éxtasis.

Parte II

La fórmula

Recordar quiénes somos

· 5 ·

¿A dónde iré cuando muera?

Discontinuidad: *Falta de continuidad, brecha o interrupción*

Ya hemos respondido la pregunta básica con la cual comenzamos: *¿Quién soy?* Y la respuesta es: *Soy conciencia pura, potencialidad pura, un campo de posibilidades infinitas.* Eso soy. No soy el cuerpo y tampoco soy la mente. Soy el poseedor del cuerpo y el poseedor de la mente. El espíritu, el Ser único es todo eso, y esa esencia es omnisciente, omnipresente y omnipotente.

Entonces la siguiente pregunta es: *¿De dónde vengo?* Y la respuesta es: *No vengo de ninguna parte porque* *siempre he estado aquí.* El cuerpo va y viene, pero "Yo siempre estoy aquí. Vengo de un lugar sin principio ni fin. Y voy a ese mismo lugar". Como hemos visto, no hay lugares particulares en el espacio o en el tiempo. En un universo no local, ¡no hay a donde ir!

Y ¿*cuál es mi propósito en la vida?* Ser feliz, participar con alegría en la creatividad y la evolución del universo. El espíritu universal, o la conciencia, concibe e imagina la vida, y todas las esferas de la misma son formas imaginarias del espíritu, el cual representa su obra teatral o *leela*. En últimas, todo no es más que la obra teatral de la conciencia, o *leela*.

Y ¿*qué me sucederá cuando muera?* La respuesta es nada. *Nada sucede porque no muero.* No es posible destruir la conciencia pura; solamente es posible expresarla. Esto nos libera del miedo de la muerte porque en el universo nada se pierde jamás; solamente se transforma. Si usted y yo estamos hablando por teléfono y alguien corta la línea, ¿qué nos sucede a nosotros? ¿A dónde nos vamos? Nada nos sucede y no vamos a ninguna parte. Asimismo, cuando se produce la muerte física, nada nos sucede. Sencillamente se dañan temporalmente ciertas líneas de comunicación que utilizan un determinado sistema nervioso central. Pero nosotros seguimos aquí. El alma no va a ninguna parte; es el cuerpo el que se disuelve y regresa a la tierra.

¿Dónde está el alma entonces? Una de las mayores equivocaciones es creer que el alma reside en el cuerpo. La gente dice que el alma se va cuando la persona muere, pero eso no es cierto. El alma no está dentro del cuerpo. El alma se proyecta en forma de cuerpo y mente. Busca una ubicación en el espacio-tiempo y se transmite a través del cuerpo. Pero de la misma manera que los personajes de una película no están dentro del televisor, o como tampoco Beethoven está dentro del aparato de radio cuando escuchamos su música, el alma tampoco está dentro del cuerpo. El alma sencillamente se localiza en el cuerpo o se expresa a través de él.

En las librerías encontramos muchos libros sobre experiencias "por fuera del cuerpo". El verdadero misterio está en cómo obtener la experiencia de "estar dentro del cuerpo". La idea de que el alma "mira hacia fuera desde dentro de nuestro cuerpo", aunque convincente, no es más que una alucinación inducida socialmente.

El alma no existe en el tiempo o el espacio; está más allá del tiempo y del espacio. Sin embargo, todo aquello que denominamos *físico* parece ocupar un pequeño lugar en el espacio-tiempo. La silla que ocupamos está localizada en un punto en particular y durante un período de tiempo determinado. Nuestro cuerpo ocupa diferentes lugares en el espacio-tiempo. Nuestros pensamientos ocupan diferentes lugares en el espacio-tiempo, y todo eso comunica la idea de la localización del alma, la cual realmente no tiene lugar en el espacio-tiempo. Por tanto, podemos decir que el alma es trascendente.

Entonces la pregunta de dónde está el alma es equivocada, porque la palabra *dónde* implica un lugar en el espacio-tiempo. El alma está en todas partes y en ninguna parte al mismo tiempo. Está en todas partes en general y en ninguna parte en particular.

Cuando superamos la superstición del materialismo reconocemos que nuestro cuerpo-mente es un campo de inteligencia, de fuerza vital incondicional. La fuerza de la vida se expresa a través de transformaciones infinitas reflejadas en distintas formas, distintos fenómenos que aparecen, y desaparecen. Pero la fuerza vital misma es eterna, inmutable y omnipresente; y nosotros somos esa fuerza.

La característica más notable de ese campo de fuerza es que está lleno de vida. Es la fuerza vital del universo que interactúa consigo misma y se manifiesta en una danza exquisita de creación, mantenimiento, disolución o renovación. Estas tres fuerzas operan en toda la naturaleza.

Si pudiéramos ver un campo cuántico, veríamos aparecer una partícula en un vacío. Ese es el acto creador. Esa partícula se convierte después en una onda. Ese es el momento de atención donde se manifiesta por un breve período de tiempo. Después desaparece nuevamente en el vacío. Esa es la disolución o renovación. En toda la naturaleza vemos cómo se crean y se renuevan las cosas, pero a fin de que haya renovación, lo viejo debe desaparecer. Y la realidad es que nosotros mismos nos creamos una y otra vez en el nivel de la mecánica cuántica, en el nivel atómico, en el nivel molecular, en el nivel material del cuerpo físico.

Si bien el universo es atemporal y eterno, funciona intermitentemente por medio de ciclos de reposo y actividad. La intermitencia se refiere al nacimiento y la muerte, y nosotros morimos constantemente a fin de crearnos nuevamente. Los átomos de nuestro cuerpo se encienden y se apagan. Las moléculas de las células de la piel se encienden y se apagan, muriendo una vez al mes para que podamos fabricar otras nuevas. Si las células cutáneas no murieran una vez al mes, nuestra piel sería muy acartonada y enfermiza.

Aunque el mundo da la impresión de continuidad, en realidad se enciende y se apaga como un aviso de neón intermitente. Todo vibra y para que haya vibración es necesaria una señal de apagado. Por eso se llama *vibración*. Si pudiéramos ver el mundo al nivel de los fotones, lo veríamos encendido-apagado, encendido-apagado. Hasta nuestros pensamientos son aglomerados de fotones que emergen y se desvanecen en el vacío infinito. Algunas cosas vibran a gran velocidad y otras más lentamente. La vibración de una roca es muy lenta; la vibración de un pensamiento es muy acelerada; y a nivel de los fotones, la vibración se produce a la velocidad de la luz. Pero todas son vibraciones de encendido y apagado.

Cuando nos encendemos, nacemos; cuando nos apagamos, morimos. Si no hubiera apagado, no habría encendido. Al apagado también se le conoce como la *discontinuidad*. En nuestra conciencia creamos la experiencia de la continuidad a partir de algo que es esencialmente discontinuo. Es por un truco de los sentidos que el universo parece continuo. Nuestros sentidos no pueden procesar la información que emerge y se desvanece en el vacío infinito a la velocidad de la luz, de manera que crean la ilusión de la continuidad.

Nuestra forma de experimentar el mundo se asemeja a una película. En la pantalla vemos una continuidad, pero otra cosa muy distinta vemos en la sala de proyección. Allí, la película es una serie de cuadros quietos con pequeños espacios o vacíos entre cada uno. Cuando el rollo de película se mueve a la velocidad necesaria, nuestros ojos no perciben los espacios, es decir, el apagado entre cada cuadro; solamente perciben el encendido. Vemos entonces una película, la cual está totalmente en nuestra imaginación. En la realidad, las imágenes se proyectan intermitentemente en la pantalla.

En el televisor, cuando un actor parece moverse de un lado para otro, no hay una imagen que se mueva de un lado a otro de la pantalla. Son los electrones y los fotones que se encienden y se apagan en una determinada secuencia. No podemos ver el apagado; solamente podemos ver el encendido porque todo sucede tan rápidamente que creamos la continuidad en nuestra mente. Realmente no hay movimiento en las luces que parecen dar vueltas alrededor del árbol de Navidad, ni en el aviso de neón que da la impresión de moverse; sencillamente las luces se apagan y encienden en una determinada secuencia. Nuestra percepción solamente capta el encendido pero no el apagado, de tal manera que en nuestra conciencia creamos la impresión del movimiento de la luz.

El mundo es la vibración del infinito y es así como imaginamos su existencia. Los Vedas declaran: "Cuando el infinito vibra, nacen los mundos. Cuando el infinito no vibra, es como si los mundos desaparecieran. Cuando se hace girar una antorcha a gran velocidad, aparece un círculo de fuego; cuando se mantiene quieta, el círculo desaparece. Bien sea que esté vibrando o no, la conciencia infinita es la misma en todas partes y en todo momento. Mientras no reconocemos esto somos presa del desvarío; cuando lo reconocemos, todo desvarío desaparece".

Todas las cosas que podamos imaginar, una silla, un color, una montaña, un pensamiento, un arco iris, no son otra cosa que una vibración diferente de la misma esencia. Algo está vibrando y creándolo todo, y esa vibración ocurre en presencia del alma. El alma vibra y crea pensamientos. El alma vibra y crea el cuerpo. El alma vibra y crea todo el universo. Así lo decían los antiguos. Así lo decían los alquimistas egipcios. Así lo decían los filósofos griegos y así lo dice toda persona que tenga alguna idea sobre la forma como ocurre la creación. Todos dicen que la creación es una vibración.

Crear es traer a la vida o a la existencia. Y para crear algo nuevo debemos morir a lo que existe. Si no morimos a lo que existe, no hay creatividad. Algo tiene que morir para que surja algo nuevo, y nuestra alma está dando constantemente unos saltos cuánticos de creatividad. ¿Qué es un salto cuántico? Es cuando una partícula subatómica se mueve de aquí para allá sin pasar por el espacio intermedio. Entonces está aquí, y después está allá. ¿Dónde estaba en el intermedio? En ninguna parte. ¿Cómo pasó de aquí a allá? No sabemos. Pero no solamente pasó de aquí a allá, sino que lo hizo instantáneamente. Ese es un salto cuántico.

Cada muerte es una oportunidad para un salto cuántico de creatividad. A través de la muerte nos creamos nuevamente a todos los niveles: al nivel material del cuerpo-mente, del intelecto, de la personalidad.

Todos ellos deben morir para que podamos crearnos nuevamente. Con cada muerte almacenamos la sabiduría de nuestras experiencias acumuladas desde el principio de los tiempos y damos saltos cuánticos de creatividad a fin de poder mirarnos a nosotros mismos como si fuera la primera vez. Los ciclos de nacimiento, transformación y muerte nos mantienen renovados a fin de que podamos imaginar nuevas esferas para nuestra propia existencia.

En biología se habla de *apoptosis*, término que significa muerte celular programada. En ausencia de la apoptosis, a las células se les olvida morir, condición que se conoce como *cáncer*. Las células cancerosas han perdido el recuerdo de la muerte; no saben cómo morir y en su búsqueda de la inmortalidad matan al cuerpo hospedero del cual depende su supervivencia.

Por consiguiente, la muerte es un pase para la vida, y la muerte está ocurriendo ahora mismo en nuestro cuerpo-mente. ¿Dónde está el cuerpo que teníamos a los dos años? Está muerto. El cuerpo de la persona de dos años está muerto, los pensamientos de la persona de dos años están muertos, las emociones de la persona de dos años están muertas y la personalidad de la persona de dos años está muerta. Todas esas cosas las entregamos, muriendo a ellas, a cambio de las de los tres años. El nacimiento y la muerte suceden en todo momento a todos esos niveles.

Así, cuando las personas preguntan si el alma vive después de la muerte, la respuesta es afirmativa. ¿Pero sobrevive a la muerte la personalidad? La verdad es que la personalidad ni siquiera sobrevive mientras estamos vivos. Ese individuo que consideramos ser cambia de hora a hora, de día a día, de semana a semana, de año a año. ¿De quién hablamos cuando decimos "yo": del niño lleno de inocencia y asombro, del joven lleno de ideas románticas y deseos, o de la persona anciana que raya en la senilidad? Si la personalidad sobrevive a la muerte, ¿cuál de todas ellas lo hace?

La oruga muere para convertirse en crisálida. Durante el sueño dentro del capullo se incuban y se reorganizan las energías hasta que finalmente nace la mariposa. ¿Es la oruga el mismo ser que la crisálida o la mariposa? Es la misma inteligencia que se ha convertido en otra cosa. Y en esa otra cosa, cada célula es diferente, cada expresión de la energía en el cuerpo es diferente. Nada ha muerto realmente, sino que se ha transformado.

La transformación después de la muerte no implica un traslado a algún otro lugar o tiempo; es solamente un cambio relativo a la calidad de la atención en la conciencia. Es una condición o estado de calidad vibracional de nuestra propia conciencia. El mundo que experimentamos, en el cual hay cielo y tierra, plantas y personas, sol y luna, es una expresión particular de la conciencia en una frecuencia determinada. El cielo y el infierno, la Tierra con las estrellas y las galaxias, los elementos y las incontables formas de vida, no son localizaciones en el espacio-tiempo; son proyecciones de estados de conciencia. Estos estados de conciencia son expresiones vibratorias de la conciencia infinita en las cuales se mueve, vive y tiene su existencia el cosmos. Hay una infinidad de frecuencias de la conciencia que coexisten, de modo que hay una presencia simultánea de muchos planos de existencia.

En una sinfonía interpretada por una orquesta de cien músicos, todos los instrumentos vibran a frecuencias diferentes y, no obstante, la presencia de uno no desplaza a los demás. Si nuestros oídos pudieran discernir solamente una frecuencia, nos perderíamos el resto de la sinfonía y quizás oiríamos un solo instrumento de los cien. El noventa y nueve por ciento de la música no estaría a nuestra disposición por no estar nosotros sintonizados con las otras frecuencias.

La energía electromagnética, de la cual forma parte la luz visible, contiene todos los colores del espectro en un mismo rayo de luz. Sin embargo, esa misma radiación contiene luz invisible, como son los rayos X, las microondas, las ondas de radio y de radar. La luz visible y la invisible forman parte del mismo espectro, el cual vibra simultáneamente a distintas frecuencias. La totalidad del espectro coexiste simultáneamente y, no obstante, nosotros solamente experimentamos la que llamamos luz *visible*.

En cada partícula minúscula de la creación están presentes todas esas frecuencias vibratorias simultáneamente y no hay una que desplace a otra de su localización en el espacio o el tiempo. Con el instrumento indicado para sintonizarnos en una determinada frecuencia, podemos detectar la vibración que deseemos. Pensemos en todos los instrumentos que utilizamos en la actualidad para sintonizar distintas frecuencias, entre ellos los aparatos de radio y televisión y los teléfonos celulares.

En este mismo momento usted está rodeado por una infinidad de planos y todos esos planos vibratorios existen junto a usted. En el campo de las posibilidades infinitas, usted existe como potencial puro en todos esos niveles simultáneamente. Pero a nivel de la experiencia, usted existe solamente en un plano, ese plano de su existencia que usted proyecta en un momento determinado. Si usted pudiera trasladar su percepción a una frecuencia diferente en este mismo momento, experimentaría una realidad distinta.

Cuando las personas tienen experiencias cercanas de la muerte, es porque han vibrado por un momento a una frecuencia más alta para luego regresar a su frecuencia vibratoria normal. Muchas veces, en los momentos finales de la muerte, las personas ven pasar toda su vida delante de sus ojos en una milésima de segundo. Eso se debe a que la experiencia se genera a través de los fotones, los cuales se mueven a la velocidad de la luz. Las experiencias cercanas de la muerte confirman que cada segundo contiene la información de toda la eternidad. También demuestra que el viaje después de la muerte es hacia el ámbito no local del alma.

Durante la existencia material, el alma se expresa en nuestro cuerpo físico a una frecuencia más baja, dándonos la impresión de estar localizados en el espacio-tiempo. También tenemos un cuerpo astral que acompaña al cuerpo físico y es el espejo de todo su contenido de energía e información. En la muerte, el cuerpo físico se desintegra, dejando al cuerpo astral como expresión de nuestra alma a una frecuencia más elevada.

La esencia de su ser es una realidad inmutable que da lugar a un patrón de energía, el cual va y viene.

Ese patrón, nace y muere, cambia constantemente de forma y de nombre, y corresponde a la persona que usted erróneamente cree ser. Usted podría pensar que su "yo soy" personal es la causa y la fuente de todo lo que le acontece, pero eso no es más que una broma, una alucinación creada a partir de una percepción distorsionada. Es preciso liberarse de la idea de que usted es una personalidad específica fija en el tiempo y el espacio. La personalidad no es más que una ilusión. Lo que parece ser el "yo soy" personal es el "yo soy" universal, la calidad del Ser de todo lo que existe.

El "yo soy" verdadero es todo el proceso infinito de potencialidad pura que se expresa con diferentes disfraces: soy potencialidad pura. Soy el universo. Soy lo que sea que esté sucediendo. Si miro al firmamento y veo las estrellas y las galaxias, eso es lo que está sucediendo, y eso soy yo. Soy la luz y soy los ojos que la perciben. Soy la música y soy los oídos que la escuchan. Soy el viento y soy las alas del ave que vuela en él. No hay otro "yo soy" que el único Ser, el universo en su totalidad.

La persona que usted considera ser está cambiando y transformándose constantemente. Todo se transforma y, no obstante, nada muere. La gota de agua se transforma en vapor, el cual forma una nube que cae en forma de nieve, granizo o lluvia. La nube se transforma en agua y el agua se convierte en un río caudaloso o en un lago congelado, el cual se descongela y con el tiempo regresa al océano, donde las gotas de agua se convierten nuevamente en vapor.

Del océano de la conciencia infinita nacen los miles de millones de almas que pueblan este mundo. Ese océano se expresa a través de la diversidad infinita de la vida y, no obstante, su naturaleza permanece inmutable. Siempre está allí. Jamás desaparece sino que sencillamente se transforma. Tampoco nosotros perdemos nuestra alma, nuestra verdadera esencia, cuando nos transformamos en todas esas moléculas, todas esas mentes, todos esos cuerpos y todas esas relaciones. Lo mismo que en la vida, después de la muerte continúa la transformación del individuo. Tal como dijo el poeta Rumi en uno de sus versos más memorables, "Cuando muera, volaré con los ángeles, y cuando muera al mundo de los ángeles me convertiré en algo imposible de imaginar". Y ¿por qué es imposible de imaginar? Porque al morir debemos estar allí para ver lo que existe en la siguiente esfera de nuestra imaginación.

¿Entonces qué significa todo esto? Significa sencillamente una cosa: el Ser se manifiesta a través de la transformación. El nacimiento y la muerte, el encendido y el apagado, el placer y el dolor, el día y la noche, y los ciclos de las estaciones no son más que ciclos de Ser y de transformarse. El universo estaría muerto, sería estático, carecería de ritmos, de danzas, estaría como momificado, de no ser por este juego del *veda* o conocimiento puro, que se convierte en *vishwa*, o el universo, la danza eterna de la creación. Esa danza eterna de la creación es nuestro Ser esencial, el campo de potencialidad pura.

Cuando conocemos nuestra esencia verdadera entramos en contacto con esa parte nuestra que está más allá del tiempo y del espacio y que es la fuente de ambos. Dejamos de identificarnos con el *comportamiento* cambiante del océano de la conciencia en todas sus formas diferentes para identificarnos con la *esencia* inmutable de la conciencia misma. Si sabemos que nuestra esencia es la unidad de un espíritu, entonces podemos adquirir el conocimiento de todo lo demás.

¿Está dispuesto a dar un salto cuántico de creatividad? Más allá de la ilusión de un mundo material hay un mundo de poder, libertad y gracia. Comprenda su propia esencia a fin de echar a andar por la senda de la iluminación. Con el tiempo podrá deshacerse de sus reacciones condicionadas habituales. A medida que eso suceda se irá convirtiendo en maestro espiritual y trascenderá todo sufrimiento, incluido el miedo a la muerte. Reconocerá que su verdadero ser jamás nació y, por tanto, jamás podrá morir. Sólo aquello que tiene un comienzo tiene también un final. Aquello que nunca tuvo un comienzo es eterno y existe por siempre, y eso es usted.

∽

PUNTOS CENTRALES

- Cuando morimos no vamos a ninguna parte; nuestra alma sencillamente vibra en otra frecuencia.

- Todo se transforma y nada muere. Así como nos transformamos durante la vida, continuamos transformándonos más allá de la muerte.

- Cuando nos identificamos con el espíritu eterno, la esencia inmutable de la conciencia misma, trascendemos todo sufrimiento, incluido el miedo a la muerte.

· 6 ·

¿Cuál es el secreto de la felicidad perdurable?

Fuente: Aquello que causa, crea o inicia; un hacedor

Detrás del telón del intelecto y de las emociones está la imagen que tenemos de nosotros mismos, o nuestro ego. El ego no es nuestro yo real; es la imagen que tenemos de nosotros y que hemos construido lentamente con el transcurso del tiempo. Es la máscara tras la cual nos ocultamos, pero no es lo que somos realmente. Y como no es nuestro verdadero yo, sino un fraude, vive atemorizado. Busca aprobación, necesita controlar, y nos sigue a donde quiera que vayamos.

El poeta indio Rabindranath Tagore tiene un poema muy bello sobre Dios: "Salí solo para acudir al lugar de mi cita. ¿Pero quién es éste que me sigue en el silencio de la noche? Me hago a un lado para evitar su presencia pero no logro escapar de él. Levanta el polvo del camino con su andar soberbio; agrega su voz estentórea a cada palabra que pronuncio. Es mi pequeño yo, mi amo; no conoce la vergüenza. Pero me avergüenza presentarme ante tu puerta en su compañía".

El ego es la prisión que hemos construido a nuestro alrededor y que ahora nos mantiene cautivos dentro de sus muros. ¿Cómo podemos saber que eso es así? Es importante saber que cada vez que sentimos desasosiego en el cuerpo, es porque el ego (el que trata de desalojar a Dios) se impone sobre el ser interior. El miedo, la duda, la preocupación y la zozobra son algunas de las energías asociadas con el ego.

¿Y qué podemos hacer? La mejor forma de disipar esas energías es sintiendo el cuerpo. Es cuestión de localizar las sensaciones en el cuerpo y continuar sintiéndolas hasta que comiencen a disiparse. ¿Y cómo liberarnos del cautiverio? Nos liberamos identificándonos con nuestro ser interior, nuestro *verdadero* yo. Nos liberamos de la prisión del condicionamiento cuando dejamos de sentirnos inferiores o superiores a los demás, cuando renunciamos a controlar a otros, cuando creamos el espacio para que los otros sean como son y para que nuestro yo verdadero sea lo que es.

Nos liberamos cuando ya no sentimos la necesidad de defender nuestro punto de vista, cuando dejamos de utilizar estereotipos o de juzgar con rigor extremo (para bien o para mal) a las personas que escasamente conocemos. Nos liberamos cuando rehusamos seguir los impulsos de la ira y el miedo, cuando actuamos con humildad en lugar de beligerancia, cuando caminamos con gracia en lugar de soberbia, cuando nuestras palabras comunican cariño en lugar de agresión, cuando optamos por expresar solamente nuestro amor.

¿Y cómo saber si ya nos hemos liberado? Sabemos que somos libres cuando nos sentimos felices y tranquilos en lugar de temerosos y angustiados. Sabemos que somos libres cuando nos tienen sin cuidado las opiniones buenas o malas de los demás, cuando hemos renunciado a la necesidad de buscar aprobación, cuando creemos ser lo suficientemente buenos tal y como somos. Sabemos que somos libres cuando nos entregamos al momento, a lo que es, confiados en que el universo está de nuestra parte. Sabemos que somos libres cuando soltamos los rencores y resentimientos y optamos por perdonar.

Hay una oración en el libro de guía espiritual *Un curso de milagros* que dice que con cada decisión que tomamos elegimos entre un milagro o un agravio. Al no optar por los agravios elegimos los milagros, porque los agravios son el melodrama del ego que le hace sombra al espíritu. Cuando renunciamos a todos los agravios, los juicios de valor y los resentimientos, logramos ser libres verdaderamente y encontrar nuestra alma.

El alma es la fuente de la creatividad, la comprensión, la armonía, la risa y todas las posibilidades. Es un lugar de quietud que escapa a toda denominación. Sin embargo, tan pronto aplicamos una denominación, cualquiera que sea, creamos una imagen que oculta lo real. Alguien le preguntó alguna vez a Rumi, "¿Quién eres?" a lo cual él replicó. "No sé quién soy. ¡Estoy en un estado de confusión asombrosamente lúcida! Si me ponen un rótulo o me definen, se estarán privando de ustedes mismos. Si me encasillan con denominaciones y definiciones, ese encasillamiento será su propio ataúd. Soy su voz que resuena contra las paredes de Dios".

Lo que dice Rumi es que creamos nuestra imagen de nosotros mismos con todos los rótulos que el mundo nos impone. Sin esos rótulos somos el espíritu libre y el fluir libre del universo. Tan pronto como nos imponen un rótulo, bueno o malo, el ego, la imagen que tenemos de nosotros mismos, toma precedencia sobre el ser interior.

El mundo del ego está limitado por el tiempo, es transitorio, fragmentado, asustadizo, personal, egocéntrico, absorto en sí mismo y apegado a lo conocido. Se aferra al placer y se aparta horrorizado del sufrimiento. El mundo del espíritu es atemporal y eterno, libre de pasado y de futuro, íntegro, alegre, abierto y accesible a todos. El mundo del espíritu es el mundo de la comunión, el esclarecimiento y el amor. Es un mundo real, indivisible, inmutable, dinámico, creativo, autosuficiente, poderoso y libre de limitaciones, expectativas y ataduras.

El mundo del espíritu es la fuente de todo poder. Nunca ha habido ni habrá otra fuente de poder. Lo que el mundo llama *poder* no es más que el miedo que induce a manipular y a controlar a los demás, lo cual a su vez engendra violencia y sufrimiento. El poder real es el poder para crear, para transformar, para amar, para sanar y para ser libres. El verdadero poder emana de nuestra conexión con nuestro ser interior, con aquello que es real. Esa es la razón por la cual las personas poderosas se tienen como referencia a sí mismas y no a los objetos. Estas dos nociones merecen una explicación más amplia.

Como hemos visto, la *referencia al objeto* implica tratar de comprender lo que somos identificándonos con la imagen que tenemos de nosotros mismos o con los objetos de nuestra experiencia. Por objetos me refiero a situaciones, circunstancias, personas o cosas, y cada vez que nos referimos a los objetos para definir nuestra identidad operamos en la modalidad de referencia al objeto. Los individuos que viven en referencia al objeto evalúan, comprenden y tratan de conocerse a través de los ojos de los demás. Los ingredientes característicos de la referencia al objeto son el pensamiento condicionado y la respuesta condicionada, lo cual implica vivir bajo la hipnosis del condicionamiento social.

La primera señal de la referencia al objeto es la fatiga. ¿Por qué? Porque hemos cedido nuestro poder al objeto de referencia. En últimas, esto provoca malestar físico o incluso enfermedad. La referencia al objeto es la causa fundamental de la infelicidad y, de acuerdo con la forma védica de entender el mundo, la felicidad es el factor más importante para la salud.

Hay una fábula india interesante que ilustra claramente la referencia al objeto. Había una vez un hombre que solamente valoraba dos cosas en la vida. Una era su hijo, y la otra era un poni. Obtenía todo su sentido de realidad a través de su referencia a esos dos objetos. Un día, el poni desapareció. El hombre se sintió devastado porque había perdido la mitad de lo que verdaderamente valoraba. Hundido en su desesperación pensaba solamente en su poni perdido, cuando vio que el pony regresaba con un magnífico caballo blanco. En un instante, pasó del abismo de la desesperación al colmo de la felicidad.

Al día siguiente, su hijo salió a montar el caballo y se cayó fracturándose una pierna. Entonces, desde la cima del éxtasis, el hombre cayó nuevamente al abismo de la desesperación. Se revolcaba en el fango de su desgracia cuando se presentó el ejército reclutando a todos los jóvenes aptos para la guerra. Se llevaron a todos los jóvenes de la aldea, salvo a su hijo a causa de la pierna fracturada. Entonces, del abismo de la desesperación, el hombre pasó a la cima del éxtasis. Como podrán adivinar, esta historia de referencia al objeto no tiene final.

Por su misma naturaleza, los objetos cambian y, mientras nos identifiquemos con ellos, nos será imposible conocer nuestra esencia real. Cuando nos evaluamos y nos comprendemos a través de los objetos o a través de los ojos de los demás, nuestra vida se convierte en una montaña rusa porque la única constante de la gente, las cosas, las situaciones y las circunstancias es que son cambiantes. Si nuestra identidad está atada a ellas, jamás encontraremos estabilidad en la vida.

Lo contrario de la referencia al objeto es la referencia al ser. Cuando nos referimos al ser, nos identificamos con nuestro ser interior, la esencia inmutable de nuestra alma. Nos sentimos maravillosamente sin importar la situación, las circunstancias o el entorno en el cual nos encontremos. ¿Y por qué nos sentimos maravillosamente todo el tiempo? Porque no nos identificamos con la situación; somos ese *testigo silencioso* desapegado de la situación. Nos sentimos seguros de lo que somos y no sentimos la necesidad de demostrárselo a nadie. Si sintiéramos el apremio de demostrárselo a alguien, entonces estaríamos evaluándonos nuevamente a través de los ojos de los demás. La referencia al ser es un estado interior de alegría, el cual no es lo mismo que sentir felicidad por un motivo.

Claro que siempre hay un motivo para ser feliz. Nos sentimos felices cuando alguien nos dice que nos ama. Se siente feliz quien se gana el premio mayor de un millón de dólares de la lotería. Esa clase de felicidad es una expresión de la referencia al objeto: nos sentimos felices por esto; nos sentimos felices por aquello. Pero la dicha interior es independiente de la situación, de las circunstancias, de las personas o de las cosas. Sentimos dicha interior sin que haya un motivo. El simple hecho de estar vivos para observar las estrellas, para experimentar la belleza de este mundo, tener la experiencia de vivir el milagro de la vida misma constituye nuestra felicidad.

Todo en la vida es transitorio y cambiante porque así es la naturaleza de nuestro mundo. Pero cuando nuestro punto de referencia es nuestro ser interior, disfrutamos el cambio en lugar de oponernos a él. La gente me ha preguntado, "¿Qué pasa con las situaciones difíciles de aceptar? Si en mi vida las cosas andan mal, ¿cómo puedo ser feliz en lugar de sentirme negativo o deprimido?" Bueno, volviendo a la fuente, reconociendo que no importa lo que esté sucediendo, ya pasará. No es necesario mirar una situación difícil desde un ángulo positivo o negativo. ¿Acaso no es artificial mirar siempre positivamente las situaciones difíciles? Si yo fuera positivo todo el tiempo, ante todo sería una persona muy aburrida. En segundo lugar, sería antinatural. En tercer lugar, nadie querría estar conmigo. Pero también es antinatural ver las situaciones difíciles de manera negativa. Una persona así sería exasperante y supremamente desagradable. El mejor estado es ser natural.

Una vez tuve una paciente muy enferma, a quien nunca había visto con otra actitud que no fuera "positiva". Era exasperante y llegó el día en que tuve que preguntarle cómo podía ser así. En ese momento se derrumbó y me confesó que le aterraba tener aunque fuera un pensamiento negativo. ¿Pero acaso no es negativo el hecho de sentir terror de tener un pensamiento negativo? Claro que sí; de ahí que no debamos manipular nuestra forma de pensar. Manipular nuestros pensamientos es algo artificial, es *fabricar estados de ánimo* como dice la tradición védica. Es mejor ser espontáneos porque en la espontaneidad hay alegría. Es mejor ser naturales y dejar que el universo se exprese a través nuestro.

¿Qué es una mente negativa? Es una interpretación. ¿Qué es una mente positiva? También es una interpretación. Y la diferencia entre una mente positiva y una mente negativa a veces es bastante superficial. Si me preguntan si es preferible tener una mente positiva, diría que por supuesto que sí. Sin embargo, la mente positiva, tanto como la negativa, puede ser turbulenta y pasar rápidamente de un estado a otro. La valentía puede convertirse en miedo en un abrir y cerrar de ojos. El amor puede transformarse en celos en un instante. Esas son mentes turbulentas. Más importante que tener una mente positiva es tener una mente serena.

—Debemos aprender a ir más allá de la mente positiva o negativa para llegar a una mente silenciosa, que no juzga, que no analiza y que no interpreta. En el acto de presenciar en silencio experimentamos el silencio interior. En la pureza del silencio sentimos nuestra conexión con la fuente y con todo lo demás. Las tendencias que emergen a partir de esta conexión son evolutivas y espontáneas. En el silencio nos dejamos llevar por la corriente y abandonamos espontáneamente la tendencia a juzgar, a analizar y a interpretar las situaciones, las circunstancias, a otras personas y a nosotros mismos. En el silencio despiertan espontáneamente las energías interiores que traen consigo la transformación indicada para cada situación.

Hay un proverbio que dice, "El río de la vida corre entre las orillas del placer y del sufrimiento, y nosotros chocamos con ambas". Ese no es el problema. El problema es cuando nos aferramos a la orilla, ya sea la positiva o la negativa. Habremos alcanzado la libertad cuando nos reconciliemos serenamente con todas las contradicciones de la vida, cuando podamos navegar tranquilos entre las orillas del placer y del sufrimiento, experimentándolas ambas sin anclarnos en ninguna.

La alegría y la tristeza, la felicidad y el sufrimiento, son el juego de los opuestos; son transitorios porque están dentro de los límites del tiempo. El espíritu, el ser esencial, es independiente del juego de los opuestos; habita en la dicha serena de lo eterno. Y cuando nos reconocemos en ese campo de conciencia pura, vivimos a partir de la fuente, la cual *es* dicha.

Esa es la razón por la cual la clave de la felicidad perdurable está en dejar de buscarla y reconocer que ya es nuestra. Nunca encontraremos la felicidad si la buscamos. Si creemos que está a la vuelta de la esquina no haremos otra cosa que rodear miles de esquinas. La verdadera clave de la felicidad consiste en vivir y jugar en el campo de inteligencia que está más allá de lo positivo y lo negativo. Ese campo es nuestra fuente y es mágico, santo, dichoso y libre.

La felicidad y la tristeza son caras diferentes de la conciencia infinita. Ambas son transitorias y no somos ni la una ni la otra porque no somos un estado de la conciencia. Somos la conciencia misma que se expresa a través de todos esos estados. ¿Por qué querríamos identificarnos con una ola del océano o una simple gota de agua cuando somos el océano? No somos el *comportamiento* cambiante del océano. Somos la *acuosidad* del océano. Y esa acuosidad no cambia.

La naturaleza real de una persona es el Ser, el cual no es pensamiento. A fin de experimentar la felicidad perdurable, es necesario ir más allá del pensamiento para experimentar la paz interior. No se trata de tener una actitud positiva. No es deshacerse de la tristeza y reemplazarla por alegría. Es necesario ir más allá; de lo contrario, será sólo una versión más del pensamiento positivo. Es necesario ir más allá del mundo de la dualidad al campo de la potencialidad pura para vivir a partir de la fuente.

Rumi, en uno de sus versos más elocuentes, dice: "Más allá de las ideas de rectitud o maldad hay un campo. Allí te encontraré". Este campo no está en el ámbito del pensamiento. Está más allá de todos los conceptos, las ideas y las interpretaciones. En este campo al cual se refiere Rumi reside el poder para manifestar los deseos, no hay miedos ni limitaciones y existe ese factor de la buena suerte conocido como gracia, es decir, la realización de los deseos gracias a la sincronización y el apoyo de las leyes de la naturaleza.

Pero primero es necesario ir más allá de la dualidad, de los rótulos del bien y del mal, de la rectitud y la maldad. Así como la verdad, la bondad, la armonía y la belleza son impulsos evolutivos espontáneos del universo, también el mal, la inercia, el caos, la confusión y la destrucción son impulsos evolutivos espontáneos del universo. Es la tensión entre ambos la que le imprime significado a la vida. ¿Cómo sería la vida sin contrastes? Sería monótona. ¿Alguna vez ha visto una película donde todo siempre sale bien? ¡Qué fastidio!

Toda la creación es contraste, tensión, descontento divino. Si hubiera solamente verdad, bondad, armonía y belleza, el universo se expandiría hasta desaparecer. Es necesario que haya algo que lo retenga. Si solamente hubiera fuerzas destructivas, el universo se consumiría rápidamente en el fuego del cero absoluto. Se colapsaría dentro de un agujero negro y desaparecería.

Por tanto, están ambas cosas. Hay un juego entre las dos; de lo contrario, este mundo no existiría.

En la vida, todas las experiencias son producto del contraste, porque es a través del contraste que el universo crea: luz y oscuridad, placer y dolor, nacimiento y muerte, calor y frío. Si no hubiera contraste, no habría experiencia. Hay placer porque hay dolor, hay alegría porque hay tristeza, hay calor porque hay frío, hay riqueza porque hay pobreza, hay valentía porque hay miedo, y hay amor porque existe el opuesto del amor. Si no conociéramos las dos caras de la moneda, una sola de ellas carecería de significado y eludiría la experiencia. En la India se dice que "El ciego de nacimiento no puede saber lo que significa la oscuridad porque jamás ha experimentado la luz".

La mente está hecha de energías opuestas que brotan como una chispa para crear el fuego de la vida. En nuestro interior moran al mismo tiempo lo divino y lo diabólico, el pecador y el santo, lo sagrado y lo profano. En nuestro interior viven la lujuria prohibida al lado del amor incondicional, la beatitud del paraíso y la noche tenebrosa del alma. Somos todas esas cosas porque somos el campo de todas las posibilidades. ¿*Realmente* nos gustaría vivir en un mundo perfectamente idílico?

Cuando estamos en la luz, proyectamos una sombra. Cuando no hay sombra es porque estamos en la oscuridad. La sombra es esa parte de nosotros de la cual nos avergonzamos, que le ocultamos a los demás. Es ese aspecto nuestro que ocultamos en el armario. La sombra es oscura, sigilosa, primitiva, y se oculta tras el velo de la mitología. Y cuando la relegamos a un segundo plano, tiende a buscar venganza: *Bien, te avergonzaré porque deseo que me prestes atención*.

No mostramos nuestros defectos cuando manifestamos tanto nuestras cualidades "positivas" como las "negativas"; en esos momentos estamos completos. Cuando nos sentimos a gusto con nuestra sombra, cuando la acogemos porque es así como nos hizo la conciencia infinita, no podríamos ser más atractivos y no podría ser más intensa la aventura de la vida. Somos naturales cuando nos sentimos a gusto en medio de nuestra ambigüedad, y no hay nada más hermoso que ser natural. Cuando nos sentimos a gusto con nuestras fortalezas y debilidades, irradiamos una humanidad simple, sin afectaciones. En eso radica la esencia de ser objetos de amor porque no somos sujetos de los comportamientos que ahuyentan el amor. No sentimos la necesidad de buscar permanentemente la aprobación de los demás porque no estamos atrapados en el torbellino de pensamientos que dice así: *¿Qué piensan de mi los demás? ¿Soy superior o inferior? ¿Le agradaré o le desagradaré a la gente?* No estamos comparándonos constantemente con un ideal que no existe. El ego no nos susurra permanentemente al oído, *No eres lo suficientemente bueno. No eres lo suficientemente bella. No eres lo suficientemente guapo. No eres lo suficientemente rica.*

Cuando nuestra experiencia tiene como referencia el objeto, se basa en el miedo y se resiste a ser lo que es. Cuando nuestra experiencia tiene como referencia al ser, se basa en el amor y acepta ser lo que es. Las personas que viven en referencia a su ser son naturales y no se inmutan ante las opiniones de los demás. Son inocentes, simples y casi infantiles: *Gracias, Señor, por hacerme tal y como soy. Tengo cosas buenas y cosas malas; todas ellas viven en mi. Estoy completo.* Aceptarse a uno mismo, aceptarse *totalmente*, significa perdonarse a uno mismo. Cuando nos perdonamos y dejamos de juzgarnos, dejamos de juzgar también a los demás y eso contribuye a reducir el conflicto en el mundo.

Todas las relaciones son espejos del ser interior. Tanto las personas a quienes nos sentimos profundamente atraídos como aquellas que nos producen antipatía son espejos de nosotros mismos. Nos sentimos atraídos por las personas en quienes descubrimos rasgos que ya tenemos pero que deseamos incrementar, y sentimos antipatía por aquellas personas en quienes encontramos rasgos que negamos en nosotros mismos. Identifique las cualidades que le atraen de otros y las cualidades que le repelen. Anótelas en una hoja. Ese es usted. Y si se acepta tal y como es, y se ama tal y como es, su naturalidad le hará muy atractivo.

¿Por qué no tratar de ser irresistible? Acepte a su sombra, compréndala y perdónela. Acepte el hecho de que usted es muchos rostros de la divinidad: es el prisionero y la prisión; es el carcelero pero también la libertad. Su destino es representar una infinidad de personajes, sin ser esos personajes.

En este momento estoy representando al escritor. Cuando pienso en mis hijos, represento al progenitor. Cuando pienso en mi esposa, represento al esposo. Cuando pienso en mis padres, represento al hijo. Cuando pienso en un paciente, represento al médico. Pero no soy ninguno de esos personajes. Soy el espíritu eterno, el observador silencioso que representa todos esos papeles.

En la gran cadena del ser, donde el nacimiento y la muerte son los actos de inauguración y de clausura del drama eterno de la existencia, todos hemos representado infinidad de papeles durante un período inimaginable. Incluso después de la muerte, nuestro espíritu continúa representando otros papeles. Participar desapegadamente implica ser independientes de los personajes que representamos pero a la vez actuar con verdadera pasión en nuestro drama. Como veremos en el Capítulo 8, esto sucede de manera natural cuando nos acogemos a la conciencia cósmica. Participamos pero a la vez somos libres. En la conciencia cósmica, todo el proceso de la vida comienza a brotar sin esfuerzo. Experimentamos mayor alegría, mayor tranquilidad, y permanecemos en el estado de gracia porque permitimos que la inteligencia universal actúe a través nuestro.

Todo lo que sucede a nuestro alrededor es transitorio. Si es alegría y placer, podemos estar seguros de que una dosis de lo opuesto nos espera a la vuelta de la esquina. Si es sufrimiento y desgracia, podemos estar seguros de que también a la vuelta de la esquina nos espera un poco de lo opuesto. Pero en la conciencia cósmica somos independientes del juego de los opuestos; somos independientes tanto de la esperanza como de la desesperación. La esperanza no es otra cosa que una señal de desesperación. Cuando decimos, "Tengo la esperanza", damos a entender que nos sentimos desesperados. Es necesario ir más allá de la esperanza y la desesperación, pero eso es algo que solamente podemos lograr apoyándonos en el conocimiento de lo que somos realmente, no solamente desde el punto de vista intelectual sino de la experiencia.

En la existencia podemos llegar a dominarlo todo cuando experimentamos la verdad de lo que somos. Una vez que la mente se embebe en la naturaleza infinita de la conciencia pura, el juego de los opuestos ya no nos afecta. Presenciamos el mundo de la dualidad pero vivimos en el campo de la potencialidad pura. Eso es vivir desde la fuente de la felicidad perdurable, la fuente del poder, la libertad y la gracia.

∽

PUNTOS CENTRALES

- El secreto para alcanzar la felicidad perdurable consiste en identificarnos con la esencia inmutable de nuestro ser interior, nuestra fuente. De esa manera cesa la necesidad de buscar la felicidad porque descubrimos que ya es nuestra.

◆ Más importante que una mente positiva es una mente silenciosa. La mente silenciosa no juzga, no analiza y no interpreta.

◆ Habremos alcanzado la libertad una vez que logremos aceptar todas las contradicciones que nos ofrece la vida, que logremos navegar tranquilamente entre las orillas del río del placer y del sufrimiento, experimentándolos ambos sin anclarnos en ninguno.

· 7 ·

¿Cómo podemos fluir con la vida?

Fluir: Moverse con gracia, facilidad y cadencia;
permanecer suelto

En el momento de la concepción no somos más que una doble cadena de ADN, una partícula minúscula de información e inteligencia que se diferencia para formar cien trillones de células, las cuales se convierten posteriormente en un ser humano con ojos, nariz, orejas, cerebro, brazos, piernas y genitales. No hacemos nada para que todo eso suceda, y sin embargo lo hicimos posible. En ese plano maestro, esa partícula de información contiene el plan para el momento en que deben brotar los dientes, el momento de llegar a la pubertad, el momento para generar hormonas sexuales para poder producir a otro ser humano. Está todo ahí en esa minúscula partícula, y todo ocurre espontáneamente, con total facilidad, sin resistencia. El impulso del universo se manifiesta a través de nosotros en forma de esa doble cadena de ADN.

Ahora bien, si podemos hacer cien trillones de células sin confundirnos, si cada célula es capaz de cumplir con su actividad singular y correlacionarse con las demás células sin confundirse, es porque la inteligencia del universo fluye a través de esa partícula de ADN que ni siquiera es visible bajo el microscopio. Entonces lo mejor que podemos hacer es permitir que el proceso suceda sin interferir para nada.

¿Y en qué consiste la interferencia? En términos espirituales, podemos decir que interferimos cuando nos identificamos con la imagen que tenemos de nosotros mismos y perdemos nuestro ser interior; cuando perdemos nuestro sentido de conexión con el alma, con la fuente. Dicho en términos más corrientes, interferimos cuando comenzamos a preocuparnos, cuando prevemos los problemas, cuando pensamos *¿Qué puede salir mal?*; cuando tratamos de controlarlo todo, cuando nos sentimos atemorizados, cuando nos sentimos aislados. Todas esas cosas interfieren con el flujo de la inteligencia de la naturaleza.

Nuestro ser interior es nuestra inteligencia innata; es el Ser que se manifiesta. Es nuestra capacidad para crear, crecer, evolucionar y expresarnos. La imagen que tenemos de nosotros mismos es producto del adoctrinamiento social, de la educación; es la imagen que hemos creado con base en lo que los demás piensan de nosotros. Tan pronto sacrificamos al Ser a los pies de esa imagen, perdemos la divinidad a cambio de algo que es ilusorio y no existe. La imagen que tenemos de nosotros mismos es una alucinación; ni siquiera es real y aún así interfiere con el flujo de la inteligencia.

La inteligencia innata es espontánea, intuitiva, evolutiva e íntegra. Es el flujo del universo en su totalidad que actúa a través nuestro. Sin embargo, el miedo, la duda, la preocupación y la angustia nos ponen en un estado de contracción que interfiere con el flujo espontáneo de la inteligencia. Lo que llamamos *estrés* es precisamente lo que frena el flujo de la inteligencia en su paso de lo inmanifiesto a lo manifiesto.

Cada vez que usted sienta resistencia, cada vez que las cosas vayan mal, cada vez que sienta frustración, cada vez que el esfuerzo parezca excesivo, es porque ha perdido la conexión con su fuente, con el campo de la potencialidad pura. El estado de temor es el estado de separación; es la resistencia contra aquello que es. Si no hay resistencia, entonces todo sucede espontáneamente, sin esfuerzo y con toda facilidad.

La mente, puesto que está en todas partes, no es local, pero nosotros la localizamos a través del proceso de atención. Por tanto, si deseamos que algo se convierta en una experiencia de vida, ponemos en ello nuestra atención. En efecto, la mecánica de la creación es precisamente ésa: una atención de cierta calidad que el Ser se presta a sí mismo.

En este preciso momento quizás usted no tenga presente que su pie está en contacto con la plantilla de su zapato o que su piel desnuda está en contacto con su ropa. Tan pronto como lleva su atención a ese hecho, se convierte en su realidad. El principio básico es el siguiente: todo aquello en lo cual ponemos nuestra atención adquiere mayor fuerza en nuestra vida.

Cuando experimentamos dolor, tratamos de evitarlo o de escapar de él. Pero mientras más tratamos de hacerlo, más ponemos nuestra atención en la *idea* del dolor. La idea se amplifica y, como es natural, genera más dolor. Por tanto, si tiene dolor de cabeza y desea deshacerse de él, sencillamente quédese con él; ponga su conciencia en el dolor. No analice, no interprete y no trate de juzgar el dolor. Sienta la sensación con plena conciencia. Ponga su atención en la sensación y verá cómo se disipa. La conciencia pura es una fuerza curativa, de manera que al poner la atención en la sensación, la conciencia penetra en ella y la satura con la fuerza sanadora de la vida. Sin embargo, si pone su atención en la *idea* del dolor, éste se acentuará.

Cuando vamos más allá del pensamiento, más allá de la *idea* del dolor, entonces somos el Ser. Y cuando somos el Ser no pensamos. Desde ese nivel de la conciencia sencillamente observamos el cuerpo en calidad de testigos, sin pensar en ésta o aquella noción. Cualquier cosa susceptible de *pensarse* es una noción. El dolor es una noción; el sufrimiento es una noción, la felicidad es una noción, el tiempo es una noción; la riqueza es una noción; la pobreza es una noción. Nada puede existir sin ser antes una noción, o una idea, o un concepto o alguna forma de deseo. Pero la *fuente* del pensamiento, el *pensador* que está detrás del pensamiento, no es una noción. Es Ser puro, potencialidad pura.

¿Qué hace el Ser para manifestarse en forma de materia? Concibe una idea, una noción, la cual hace que el campo de todas las posibilidades se localice en una u otra realidad. Las escrituras dicen, "Al principio era el Verbo, y el Verbo se hizo carne, y el Verbo estaba con Dios". Esa es exactamente la mecánica de la manifestación. ¿Qué es el Verbo? El verbo es una idea, una noción, un concepto, y ese concepto es la manifestación espontánea de un impulso en la conciencia. No es más que eso.

El Ser no es un concepto porque el Ser no es susceptible de conceptualizarse; está más allá de todos los conceptos. El Ser no tiene comienzo ni final en el tiempo, no tiene confines en el espacio. En realidad somos seres que experimentamos la humanidad en lugar de seres humanos. Hemos encontrado la forma de expresarnos como humanos, pero esencialmente somos puro Ser. Esta puede parecer una noción abstracta, pero si vamos más allá del pensamiento para experimentar el Ser, reconocemos que no es así.

La mayoría de las personas se apegan a los conceptos y a las nociones en lugar de apegarse a la experiencia de Ser. Esto es lo mismo que confundir el mapa con el territorio. El territorio es la experiencia de Ser y es la realidad que deseamos experimentar. El mapa no es más que el rotulado del territorio y, no obstante, tendemos a identificarnos principalmente con el mapa. Lo que debemos comprender de una vez por todas es que no somos el pensamiento, sino los generadores del pensamiento.

El Ser es la fuente del pensamiento y también es el origen de la realización del deseo. ¿Qué es el deseo? El deseo es la potencialidad pura en busca de la manifestación. Sin embargo, para realizar un deseo primero debemos Ser para que, luego, la presencia de la simple noción en la conciencia dé lugar a la realidad. Esa es la mecánica de la creación; es la forma como se crea el universo. El universo es un campo de todas las posibilidades que interactúa consigo mismo. Por consiguiente, la mecánica para la realización espontánea del deseo es inherente al deseo mismo. Lo único que se necesita es poner la atención en el deseo y no interferir.

Cuando siento el deseo de caminar de aquí hasta allá, mi cuerpo lo hace. No tengo que pronunciar las instrucciones para que mi cuerpo se mueva de aquí para allá; sucede espontáneamente. Cuando deseo dormir, no me acuesto en la cama y digo, *Vamos, cuerpo, cambia tu estado de vigilia por un estado de sueño*. No *trato* de dormir. Inherente al deseo está la mecánica para que ocurra la transformación de mi fisiología y pueda conciliar el sueño. En efecto, todo lo que sucede en el cuerpo es un deseo sutil, y mientras menos me preocupe por la mecánica, más eficiente es. Tan pronto como comienzo a preocuparme por la mecánica del deseo, éste pierde toda su eficiencia e interfiere con el flujo de la inteligencia innata.

Independientemente de cuál sea el deseo, no debemos interferir con él. La interferencia lleva a un resultado indeseado, y la forma como interferimos con la manifestación del deseo es deseando ansiosamente y dedicando un esfuerzo excesivo. Interferimos cuando dudamos, cuando oímos las opiniones de los demás, cuando nos perdemos en nuestro apego al resultado en lugar de limitarnos a ser y a tener la noción o el deseo.

¿Acaso se preocupan por la mecánica del juego el bateador que golpea la pelota y el jardinero que corre para atraparla? No. Las actuaciones de los dos jugadores son completamente espontáneas. En efecto, el jardinero comienza a moverse incluso antes de que el bateador golpee la pelota, llevando a la conciencia de una manera no verbal la mecánica de correr tras la pelota. El juego se manifiesta a sí mismo a través de los jugadores. Una vez que el deseo comienza a fluir, el pensamiento desaparece de la escena; todo ocurre de manera no verbal. Los jugadores sencillamente se mueven espontánea y fácilmente en la dirección indicada. Esa es la clave para cumplir cualquier deseo y también es la clave de la acción eficaz.

El universo se expresa a través del Ser sereno que es potencialidad pura y que busca manifestarse; y lo hace teniendo un deseo y dejándolo ir. Los buenos músicos dicen que la experiencia más sublime es cuando sienten como si no fueran ellos los que interpretaran la música sino ésta la que se manifestara a través de ellos. Los mejores bailarines dicen que con el tiempo sienten como si no fueran ellos los intérpretes de la danza sino que ésta se expresara a través de ellos. Es así como los poetas escriben sus más bellos versos o los compositores las letras para su música; las palabras sencillamente les llegan. Ese es el pensamiento mágico y, una vez que se experimenta, es suficiente para cambiar la vida.

Al plantar las semillas, los jardineros no pretenden que éstas broten al momento; sencillamente no dudan de que las semillas se convertirán en plantas. Las opiniones de los demás no interfieren con su convicción de que cada semilla trae consigo todo lo necesario para crear una planta. Los jardineros tampoco se pierden en su apego al resultado; saben que el resultado está allí mismo. Así, para utilizar eficazmente nuestro poder para hacer realidad nuestros deseos, debemos desentendernos del resultado. Eso no significa que no deseemos el resultado. Por supuesto que lo preferimos por encima de todo lo demás, pero no nos *apegamos* rígidamente a él.

El apego es una forma de miedo, duda y preocupación y su efecto es frenar el flujo de la inteligencia de la naturaleza. Cuando tenemos un deseo sabemos cuál es nuestra intención y sencillamente soltamos, confiados en que el universo organizará todos los detalles para que el deseo se manifieste. No nos preocupa el resultado; sencillamente soltamos nuestro deseo desde el corazón y lo dejamos fluir a través nuestro impulsado por el universo. Mientras más soltemos el deseo y nos desapeguemos, más espontáneamente se realizará.

La vieja noción acerca del sufrimiento nos dice: *Debo esforzarme por alcanzar mis metas, y mientras más me esfuerce, mayor será la probabilidad de que se cumplan.* Ese es un concepto muy occidental, pero conviene preguntarnos si es así como funciona la naturaleza. ¿Acaso hacen un gran esfuerzo las aves cuando migran desde Siberia a Sudamérica? ¿Acaso vemos esfuerzo en la capacidad de la inteligencia del cuerpomente para orquestar un número infinito de sucesos a la vez que supervisa el movimiento de todo el cosmos? ¿Acaso vemos esfuerzo en la semilla que se convierte en árbol y da fruto?

La naturaleza funciona con máxima eficiencia, y en ella se manifiesta el principio de *lograr más con menos.* Esta es la ley del esfuerzo mínimo. Si imitamos la forma como opera la naturaleza, podremos lograr más. Podemos acudir a ese campo de silencio del cual se deriva toda la creatividad; podemos tener un deseo, soltar y observar cómo se producen los resultados. Y cuando las cosas parecen no salir como esperábamos, soltamos esa idea de cómo deberían ser las cosas, confiados en que, al menos por el momento, desconocemos todo el panorama. En el gran contexto de las cosas, ese panorama es bueno para nosotros. Entendemos que nuestra vida tiene un propósito que encaja en el propósito global del cosmos. Por tanto, nuestra actitud es de desapego y aceptación porque sabemos que el universo está de nuestro lado.

El universo se encarga de la totalidad de los detalles y sabemos que lo hace por nosotros. Le confiamos todos los detalles a la inteligencia universal. Después de todo, esa inteligencia es la que se ocupa de todos los detalles de nuestro cuerpo-mente. También es la que se ocupa de todos los detalles del mundo natural; mantiene en su lugar a las estrellas y los planetas. Si le confiamos todas esas cosas, con toda certeza podemos confiarle los detalles de nuestros deseos. Confiar en el infinito poder organizador de la naturaleza es un componente importante del estado de gracia. Vivir en la gracia es vivir tranquilos y sin luchar porque confiamos en que la inteligencia de la naturaleza fluye a través nuestro. No interferimos.

Recuerde que los jardineros plantan las semillas y las dejan obrar. Atienden su jardín brindándole una atención *incondicional*, y no dudan. Lo mismo debe hacer usted. Tenga una meta en su conciencia, bríndele su atención y no dude. No se fatigue esforzándose y verá que el deseo se manifestará. Los deseos son como las semillas dejadas en el suelo. Esperan el momento propicio y entonces brotan espontáneamente convirtiéndose en magníficas flores y en árboles majestuosos.

༄

Puntos centrales

• Podemos vivir sin fatigarnos por el esfuerzo si permitimos que la inteligencia del universo fluya a través nuestro sin que interfieran el miedo, la resistencia o el apego.

◆ Todo deseo trae incorporada la mecánica para su realización espontánea. El deseo es potencialidad pura que busca manifestarse.

◆ Cuando estamos tensos, cuando prevemos los problemas, cuando nos esforzamos demasiado, frenamos el flujo de la inteligencia de la naturaleza en su paso de lo inmanifiesto a lo manifiesto.

· 8 ·

¿Cuándo despertaré totalmente?

*Integro: Que contiene todos los elementos;
completo en sí mismo; indiviso; unidad*

Hay quienes creen que nuestras relaciones, nuestro entorno y las situaciones y circunstancias que nos rodean dan lugar a nuestro estado de ánimo. Otros dicen que es lo contrario; que nuestro estado de ánimo es el que crea nuestras relaciones, nuestro entorno y las situaciones y circunstancias de nuestra vida. Ninguno de estos dos puntos de vista es cierto. Tanto nuestro mundo exterior como nuestro mundo interior emergen al mismo tiempo de manera interdependiente, según el nivel de vibración de nuestro espíritu. Forman un ciclo de retroalimentación que se perpetúa a menos que modifiquemos la cualidad vibratoria de nuestra conciencia. Tanto el mundo que nos rodea como nuestro estado de ánimo son el reflejo del punto en el cual nos encontramos en nuestra evolución en este momento.

Todos los días experimentamos normalmente tres estados de conciencia: vigilia, sueño y ensoñación. Sin embargo, es solamente si pasamos tiempo en silencio, en quietud o en meditación que podemos experimentar un cuarto estado de conciencia en el cual comenzamos a vislumbrar el alma. Cuando vislumbramos nuestra alma nos tornamos un poco más intuitivos. Comenzamos a sentir que las cosas no son simplemente lo que parecen sino que hay algo más detrás de los sentidos.

El mundo físico que experimentamos normalmente es una sombra del mundo real. El mundo real, el mundo del espíritu, existe detrás de un velo representado por nuestro condicionamiento. No estamos realmente limitados por el mundo del espacio, el tiempo, la materia y la causalidad, pero el velo nos impide reconocer esta verdad. También nos impide vivir en el poder, la libertad y la gracia.

En el cuarto estado de conciencia comenzamos a presentir una realidad más profunda desde la cual se orquesta el mundo físico, y entonces se desgarra el velo que separa el ámbito espiritual del físico. De la misma forma que debemos despertar del estado de ensoñación para experimentar la vigilia, también debemos despertar de la *vigilia* para contemplar nuestro espíritu, nuestro ser interior. Es lo que llamamos *vislumbrar* el alma. Este cuarto estado de conciencia consiste sencillamente en estar en contacto con nuestra alma.

Eso lleva a un quinto estado denominado de *conciencia cósmica*, en el cual nuestra alma está totalmente despierta en la vigilia, la ensoñación y el sueño. Nuestro cuerpo puede estar profundamente dormido, pero nuestra alma, el testigo silencioso, observa al cuerpo en su sueño profundo. Nuestro cuerpo puede estar caminando, y el testigo silencioso lo observa caminar. Nuestro cuerpo puede estar jugando tenis, y el testigo

silencioso lo observa mientras juega. Nuestra conciencia está localizada en el tiempo y el espacio pero al
mismo tiempo es trascendente y no local.

Así dijo Jesucristo: "Estoy aquí pero no soy de
este mundo". En la conciencia cósmica continuamos
estando aquí, despiertos, soñando y dormidos, pero al
mismo tiempo estamos conectados con nuestra alma
mientras dormimos, soñamos o estamos despiertos.
Estamos en ambos sitios, como el farol de la puerta
que alumbra la habitación y el exterior al mismo
tiempo. Cuando esto sucede mejora la sincronización
y aumentan la frecuencia de los encuentros casuales
y la cantidad de pistas ocultas. Comenzamos a comprender el poder de la intención. Comenzamos a
observar nuestro diálogo interno y podemos decir, *Sé
que de la forma como hable conmigo mismo dependerán
los cambios de mi fisiología y de mi mundo.*

En la conciencia cósmica descubrimos que lo más
importante en la vida son las relaciones; todo en la vida
es una confluencia de relaciones. Comenzamos a ver
que todo es un equilibrio entre las energías femeninas

y masculinas, el *ying* y el *yang*, y perdemos el equilibrio cada vez que hay más de la una que de la otra. En la actualidad debemos lograr un nuevo despertar de lo femenino porque el dominio de la energía masculina se ha traducido en los problemas de beligerancia, arrogancia y agresión que afligen al mundo.

En la conciencia cósmica reconocemos que no somos el cuerpo físico y tampoco la mente ni todos los personajes que representamos. Somos el testigo silencioso, y ese conocimiento nos genera una sensación de libertad y liberación. Estamos absortos en nuestros personajes, pero al mismo tiempo somos libres. Entonces reconocemos que después de la muerte nuestro espíritu continuará representando otros papeles, y nos sentimos más tranquilos. Al dejarnos llevar por la conciencia cósmica y permitirle florecer, el universo actúa a través nuestro y toda la danza de la vida se produce sin esfuerzo.

Una vez que vislumbramos el alma, la realidad externa adquiere un tono mucho más interesante porque podemos vislumbrar también las almas de los demás seres. Vislumbramos el alma de una flor, de un árbol, de una montaña, de un río y entramos en comunión con ella diciendo, "Este es mi cuerpo extendido. Tengo un cuerpo personal y un cuerpo extendido, y los dos son míos igualmente. Estos árboles no son solamente árboles; son mis pulmones. Estos ríos no son solamente ríos; son mi circulación. Esta tierra es mi cuerpo, este aire es mi aliento, y el fuego de mi corazón es el mismo de las estrellas".

Cuando no interferimos con la inteligencia de la naturaleza comenzamos a despertar al sexto estado de conciencia, o *conciencia divina*. En la conciencia cósmica, el espíritu está completamente despierto en el observador durante la vigilia, el sueño y la ensoñación, pero ahora el espíritu comienza a despertar en aquello que es observado. En la conciencia divina vemos y sentimos la presencia del espíritu en todo. Cuando miramos una hoja, decimos, "Esta es una hoja, pero también es sol, tierra, agua, aire y vacío infinito, y todo el universo converge para representar el papel de una hoja". La hoja es un patrón de comportamiento de todo el universo. El patrón es transitorio y cambiante y, por un momento, el espíritu se localiza en la hoja.

Si tomamos una fotografía de una ola enorme, el movimiento del océano se congela en la imagen. Al verla, otra persona diría, "Me gustaría ir a ver esa ola maravillosa". Pero al llegar al océano la ola ya no está allí porque la imagen de la fotografía corresponde a un momento de observación que ha sido congelado. Asimismo, en el acto de percibir congelamos el movimiento del universo en una hoja, o en una mesa, o en una nube, o en un arco iris.

Cuando despertamos a la conciencia divina, no vemos sencillamente una hoja, o una mesa, o una nube o un arco iris, sino que vemos a todo el universo siendo todas esas cosas. Sentimos la presencia del espíritu desenvolviéndose con toda naturalidad en todo aquello que observamos. En nada contribuimos a que eso suceda, sino que sencillamente permitimos que el universo se desenvuelva y se manifieste a través nuestro. En la conciencia ordinaria vemos lo obvio, lo aparente, aquello que todo el resto del mundo ve. Pero en este otro estado de conciencia extraordinaria, horadamos la máscara de las apariencias y vamos más allá hasta el campo de luz donde brilla el espíritu y en donde todo se conecta con todo lo demás.

Este paso más allá reviste la conciencia de otra calidad. Somos como una partícula de conciencia en la inmensidad de la conciencia universal, y nuestra propia conciencia se expande hasta quedar por fuera de los límites del espacio y más allá de los corredores del tiempo.

Cuando entramos en esta realidad nos sentimos seguros en medio del peligro. Por turbulento y caótico que sea el mundo que nos rodea, sentimos una paz interior profunda. En medio del ruido y el estruendo de la existencia cotidiana, en el mercado de la vida donde todo el mundo alega, sentimos un silencio interior inmutable. Una voz interior nos habla y nos guía para tomar unas decisiones espontáneas y correctas, tejiendo la red de nuestro destino. Nuestras oraciones son escuchadas y ocurren milagros, y nos maravillamos ante el simple hecho de existir.

En el estado de la conciencia divina, el alma despierta en todo lo que observamos, y esa conciencia nos permite entrar en comunión con otras almas. La comunión no es simple comunicación; es el alma que entra en contacto con otra alma. Es compartir en el espíritu. En la comunión nos sentimos iguales a todos los seres; no nos sentimos superiores o inferiores a nada. En la comunión sentimos empatía hacia todos los seres; sentimos lo que ellos sienten y nos comunicamos sin necesidad de palabras.

A través de la comunión experimentamos intimidad con el mundo. Sentimos la presencia del espíritu en nosotros y en todo, y con este cambio del estado de conciencia podemos convertirnos en aquello que percibimos. Podemos entrar en comunión con el espíritu de cualquier ser del mundo natural y obtener respuesta. Podemos pedirle a la nube que envíe lluvia o a un árbol que dé fruto, y podemos realizar milagros. Todos los milagros son ejemplos de la conciencia divina, lo cual significa que el espíritu divino deja de eludirnos; es imposible evitarlo.

Después despertamos al séptimo estado de la conciencia, o la *unidad de la conciencia*. Es cuando nuestro espíritu interior, ahora completamente despierto, se fusiona con el espíritu interior de los objetos, los cuales también están plenamente despiertos. Al fundirse, el espíritu es entonces uno solo. Nosotros somos ese espíritu único y todo el universo es la manifestación de ese espíritu único. En la unidad de la conciencia, el amor irradia desde nuestro corazón como la luz de una hoguera. Nuestro yo personal se convierte en el Yo universal y percibimos todo el universo en nuestro ser.

Es en ese estado que podemos comprender realmente la expresión védica que dice, "No estoy en el mundo; el mundo está en mí. No estoy en el cuerpo; el cuerpo está en mí. No estoy en la mente; la mente está en mí. El cuerpo, la mente y el mundo me suceden cuando me repliego sobre mi mismo para crearlos".

Normalmente pensamos que somos personas que existimos en un lugar, una ciudad y un país de este mundo. Pero esa no es la realidad; es al revés. Es el mundo el que existe en nosotros. Esto que llamamos el *cuerpo físico* y el *mundo físico* son proyecciones de nuestra conciencia. Sin nosotros, sin el "Yo soy", el mundo no existiría. John Wheeler, físico teórico y colega de Albert Einstein, decía que el universo no puede existir sin un observador consciente. El observador consciente podría ser un zancudo, o podríamos ser usted o yo. Pero de la misma manera que no puede haber corriente eléctrica sin un terminal positivo y otro negativo, tampoco podemos tener un universo físico a menos que haya un creador y un observador de la creación.

El universo es consciente y, siéndolo, es consciente de sí mismo. Así, la conciencia infinita es la observadora de sí misma. ¿Dónde está el observador? El observador está en la discontinuidad, en la brecha, en el apagado. ¿Qué observa el observador? Debe observarse a sí mismo. Para que la conciencia infinita pueda observarse no hay espacio, ni tiempo ni materia. Tampoco hay causalidad. Solamente existe la posibilidad o el potencial de todo eso. Pero cuando el observador, presente en la discontinuidad, se observa a sí mismo, presente también en la discontinuidad, el apagado observa el apagado y misteriosamente se enciende. Es así como la conciencia infinita, al interactuar consigo misma, crea al observador, crea el proceso de observación y también el objeto de la observación. Toda la creación es interacción consigo misma.

Al interactuar consigo misma, la conciencia infinita crea primero la mente, después el cuerpo y finalmente el mundo físico. Todo lo que llamamos *físico* es la traducción de distintas frecuencias vibratorias de conciencia a nivel de la mente. Y la mente a su vez es una interpretación de la conciencia sobre sí misma.

Rumi, en un verso maravilloso, dice lo siguiente: "He vivido al borde de la locura, queriendo conocer razones, golpeando a la puerta. La puerta se abre y descubro que he golpeado desde adentro". En otras palabras, todos estamos contenidos en la mente única, llámese la *mente de Dios, la conciencia infinita, el espíritu* o el *campo unificado*. No hay exterior ni interior; todo corresponde a la actividad de una sola conciencia.

Nuestra naturaleza fundamental es conciencia pura. Y el alma, como un aspecto de la conciencia pura, debe observar la conciencia pura para crear el espacio, el tiempo, la materia y la causalidad.

En el plano relativo soy el observador que mira los objetos. En el plano absoluto, soy la manifestación simultánea tanto del observador como del objeto de la percepción, los cuales emergen de manera interdependiente. En el nivel más profundo de la existencia, cuando miro al otro, me miro a mi mismo. Mi yo profundo interactúa consigo mismo para crearme a mi y crear al otro. Cuando miro un árbol, me miro a mi mismo. Mi yo profundo interactúa consigo mismo para crear tanto al observador del árbol como al árbol mismo.

El mundo existe en nosotros; nosotros no existimos en el mundo. Este es un concepto difícil y podemos dedicar toda una existencia a comprenderlo intelectualmente. Sin embargo, desde el punto de vista práctico, la próxima vez que usted mire un árbol, o mire a otro ser, o mire cualquier cosa, sencillamente dígase lo siguiente: *ese árbol existe en mí. Ese ser existe en mí. Esas estrellas y galaxias, esta mesa y esta sill, todo existe en mí.* Si adoptamos esa práctica, con el tiempo adquirimos ese conocimiento. Si me digo, *Ese árbol existe en mí*, amaré al árbol. Si me digo que la otra persona existe en mí, entonces amaré a esa otra persona. Así, tarde o temprano, tendré esa relación íntima con todo lo que existe.

Todo lo que existe en el universo está vivo. La Tierra, las estrellas, la Vía Láctea y los demás sistemas galácticos son organismos vivientes. El universo es un Ser viviente colosal. Cuando sentimos una relación de intimidad con ese Ser, cuando nos enamoramos de todo lo que existe, el universo nos habla y nos revela sus secretos más íntimos.

Aquellas que llamamos las *leyes de la naturaleza* no son más que los pensamientos de un Ser consciente. Esos que llamamos *el universo y los sistemas galácticos* son el cuerpo de ese Ser consciente. Una tormenta eléctrica en la atmósfera de la Tierra es la misma tormenta eléctrica en la red de sinapsis de nuestro cerebro. En nuestro cerebro se manifiesta en forma de pensamientos; en la atmósfera se manifiesta por medio de rayos en el cielo. ¿Es la tormenta de la red de sinapsis cerebrales distinta de la tormenta exterior? En lo que concierne al universo, las dos son expresiones de su comportamiento. Nuestra percepción errada es la que nos lleva a pensar que *Este soy yo y todo lo demás ocurre allá afuera lejos de mí.*

Usted y yo somos parte de un universo consciente. El universo es pensante. Es creativo. Imagina. El universo está lleno de creatividad y no podría estarlo si no fuera consciente. Soy creativo porque el universo es creativo. Soy consciente porque el universo es consciente. Pienso porque el universo piensa. Estoy dotado de subjetividad porque el universo está dotado de subjetividad, lo cual significa que tiene el sentido del "Yo soy. Yo existo". Y mi sentido del "Yo soy", mi sentido de la existencia, no existe separado del sentido del "Yo soy" del universo.

Si usted pudiera realmente comprender esto, entonces se daría cuenta de que no es un cuerpo sólido que existe en el espacio y el tiempo. La esencia de su ser es la fuente del espacio y del tiempo. Su alma crea conjuntamente con la fuente de toda la creación. Al despertar a esa conciencia, se dará cuenta de que no hay nada que no pueda crear. Entonces un día, esa conciencia que parece estar "dentro" de usted, se funde con la conciencia que parece estar "afuera" y usted podrá ver todo el universo como su propia manifestación.

No hay diferencia entre lo que sucede en su mundo interior y lo que sucede en su mundo exterior. El mundo exterior es solamente un reflejo de su mundo interior. El mundo es un espejo de su mente, y su mente es un espejo del mundo. Pero usted no es ni su mente ni el mundo; es la fuente creadora de ambos. Hasta el concepto mismo es una verdad a medias porque no hay un mundo interior y otro exterior. Solamente existe la interacción del único Ser, la conciencia infinita, consigo mismo.

Ese es el misterio de la creación. Lo que sea que pensemos en nuestro interior se convierte en lo que somos en el tiempo y el espacio, y en nuestra única experiencia. Cuando estamos agobiados y agitados, la noche se hace interminable, mientras que una noche de fiesta transcurre en un instante. Tanto el sufrimiento como la diversión son parte del sueño, y en el sueño, un instante es igual a una era.

Los Vedas declaran, "Todo lo que hay en la mente es como una ciudad en las nubes. El surgimiento de este mundo no es otra cosa que la manifestación de los pensamientos. Todos estos mundos no son más que modificaciones de la conciencia, y en la conciencia infinita nos hemos creado los unos a los otros".

Cuando comprendemos que hay distintos estados de la conciencia, también nos damos cuenta de que las leyes de la naturaleza se aplican únicamente al estado de vigilia, o al de ensoñación o al del sueño de la conciencia en los ciclos ordinarios de la vida y la actividad. Al navegar por esos estados de la conciencia, navegamos en mundos diferentes.

El alma reside simultáneamente en muchos estados de conciencia, pero lo que experimentamos todos los días depende de aquello a lo cual dedicamos nuestra atención. A través de la atención, todos los pensamientos, todos los deseos, se convierten en una semilla de información que se localiza a partir de nuestra alma no local. Y puesto que los seres humanos son narradores de cuentos, nos contamos historias acerca de nuestros propios pensamientos. Si llamamos a una amiga y ella no devuelve la llamada, podríamos pensar, *No le agrado; quizás mi nariz es muy larga.* Nos contamos un cuento, después vivimos el cuento y decimos que es la *vida.* Lo mismo nos sucede en la noche, pero como la mente lógica está dormida, decimos que es un *sueño.*

Una noche soñé que ganaba un trofeo en un juego de golf. Había cien personas en las graderías y todas aplaudieron cuando me entregaron el hermoso trofeo. Al día siguiente aparecía mi fotografía en el periódico. Cuando desperté, me dije a mi mismo, "Ay, por Dios, yo inventé todo eso. Era el Deepak que ganaba el trofeo. Era el campo de golf, era las cien personas y era la foto del periódico". Pero eso no lo sabía mientras soñaba; sólo lo supe cuando desperté.

Entonces un día desperté del estado de vigilia y me di cuenta de que todo es una proyección de mi propia conciencia, de mi ser interior. En todos esos estados de la conciencia soy el productor, el director y el actor. Soy el protagonista, el héroe y el villano. Soy el prisionero, el guardia y la prisión. Y también soy la libertad. Nada de eso sabía, pero ahora que estoy totalmente despierto lo sé. Ahora puedo optar por participar en ese juego que se denomina *leela* o el juego del universo.

En India, mi país natal, *leela* es la danza cósmica de Shiva y Shakti, los poderes masculino y femenino de la creación. La danza cósmica es un símbolo maravilloso de la creación. Un pie en el piso representa la quietud del campo de lo absoluto, y un pie alzado danzando representa el campo dinámico de lo relativo. Pero más allá del símil, *leela* representa el deleite y la libertad de la creación.

La conciencia infinita crea y juega a través nuestro en distintas frecuencia: sueño profundo, despertar del sueño a la ensoñación, despertar de la ensoñación a la vigilia, despertar de la vigilia para vislumbrar el alma, despertar de ahí a la conciencia cósmica, después despertar a la conciencia divina hasta despertar finalmente a la unidad de la conciencia.

La conciencia infinita es un campo de todas las posibilidades y cuando el universo fluye a través nuestro sin interferencia, encontramos todas esas realidades en las cuales se manifiesta la conciencia en forma de espacio, tiempo, materia y causalidad. Pero si vamos más allá del campo del pensamiento, el campo de las emociones, el campo del ego, el campo de la personalidad, solamente queda una cosa: el campo de la conciencia pura localizado en la persona, y eso es lo que somos.

Como persona, parezco separado de los demás, o por lo menos así lo creo. *Soy Deepak. Estoy aquí y usted está allá. Este es amigo; aquel es enemigo. Esta es buena; aquella es mala.* Pero todo esto no es más que una proyección de la conciencia. Lo que llamamos "persona" no existe. Eso que llamamos *persona* es la conciencia infinita que se manifiesta a través de un patrón transitorio de comportamiento. Si usted se considera una persona, entonces verá personas por todas partes. Pero si reconoce que no es una persona, sentirá la presencia del espíritu, del Ser único, en todas partes. El Ser que mira a través de mis ojos y el Ser que mira a través de sus ojos, es el mismo Ser con un traje diferente.

El universo es el sueño de la conciencia infinita, y en ese sueño nacen el sentido del ego y la fantasía de que hay otros. Pero esos otros no son más que objetos de ensoñación. En la jerarquía entrelazada de la creación, todo es una unidad inseparable, y lo único que existe es creación interdependiente.

Mire cualquier objeto que tenga cerca, puede ser una mesa y una silla. Las dos aparecen como objetos en el campo de su percepción, pero eso sucede a causa de la superstición del materialismo, el error del intelecto. Si cuenta únicamente con su percepción sensorial, jamás experimentará el todo. Solamente experimentará pedazos aislados de la realidad porque sus ojos, sus oídos, su nariz, su boca y sus manos son pedazos de su aparato sensorial.

La mesa sobre la cual escribe, la silla en la que se sienta, todo lo que existe, sea animado o inanimado, representa la totalidad del universo en un patrón determinado de comportamiento. Al ir más allá del patrón de comportamiento se siente esa presencia que está detrás de aquello que manifiesta el comportamiento; se siente y se ve la presencia del espíritu en todos los objetos de la percepción.

La mesa y la silla están hechas de madera y en cada partícula de madera está escrita la historia entera del universo. La madera viene de los árboles y los bosques. Los árboles y los bosques están hechos de luz solar, lluvia, tierra y aire, y el vacío infinito que está más allá del espacio insondable y las tinieblas del tiempo. Los árboles y los bosques son inseparables de las ardillas y de los nidos de los pájaros, y de toda la red de la vida en la gran cadena de la existencia. La mesa y la silla son inseparables de la totalidad del universo y de todo lo que éste contiene. Son los carpinteros y las fábricas, los patronos y los empleados, los minoristas y los consumidores. Son todas esas personas con sus vidas, sus amores, sus esperanzas, sus tristezas, sus angustias, sus placeres, sus alegrías y sus penas.

Ahora ya no percibe usted unos pedazos, sino que *ve*. Porque cuando estamos totalmente despiertos, abrimos los ojos y *vemos* realmente. ¿Y qué vemos? Vemos el todo en cada una de sus partes. Todo el universo está en cada parte del universo. Vemos el océano en la gota de agua, y al percibir la totalidad, nuestra visión es sagrada. Cuando nuestra visión es sagrada, sanamos.

Sanar es recuperar la memoria de la integridad o santidad. En la India hay un proverbio antiguo que dice: "Tanta lucha para aprender cuando lo único que hay que hacer es recordar". ¿Y qué es lo que debemos recordar? Nuestra verdadera naturaleza.

Cuando descubrimos nuestra verdadera identidad sanamos en todos los niveles e iniciamos nuestro proceso de transformación. Hay un poema Zen que dice, "Las hojas en otoño, la nieve en invierno, la brisa en verano y las flores en la primavera. Si estás totalmente despierto, ésta es la mejor estación de tu vida".

✌

Puntos centrales

- Estamos totalmente despiertos cuando vemos y sentimos la presencia del espíritu en todo.

- El universo fluye a través nuestro y se manifiesta a través nuestro en muchas frecuencias simultáneamente.

- Cuando recordamos nuestra verdadera naturaleza recuperamos la memoria de la integridad y sanamos.

Parte III

La práctica

Experimentar lo que somos

· 9 ·

¿Qué es el poder y cómo obtenerlo?

*Poder: La capacidad de crear, de lograr,
de actuar eficazmente*

El poder es la capacidad para manifestar cualquier cosa que deseemos, incluida cualquier realidad que deseemos experimentar. El poder real emana de la esencia del infinito, la cual es nuestra fuente; emana de la fuente de todo poder, el Ser único. En el vasto océano de la conciencia infinita hay poder infinito, el cual está a nuestra disposición. Es probable que nunca tengamos que usar la mayor parte de ese poder, pero de todas maneras está ahí para nosotros. Tendremos verdadero poder si podemos aferrarnos a la esencia del Ser en la raíz de nuestro ser, y si podemos anclarnos en su sabiduría infinita.

Cuando nos plantamos firmes en el conocimiento de nuestro verdadero ser comprendemos la naturaleza y el propósito de la existencia, con lo cual obtenemos un poder inmenso. Esa clase de poder engendra grandeza, éxito y una vida sin sufrimiento. Deténgase un momento a tomar conciencia de quién está leyendo este libro. ¿Siente usted una presencia? Esa presencia no es su mente; es su alma. Es probable que la mente esté diciendo, *¿Qué voy a almorzar?* o *Me pregunto qué hora es*. El diálogo interno ocurre en presencia del alma. Los pensamientos van y vienen, lo mismo que los sentimientos. Las moléculas del cuerpo van y vienen, pero lo hacen en presencia del alma.

El alma, esa presencia, se recicla en forma de recuerdos, estados de ánimo y personalidad, porque nuestra personalidad de hoy no es la misma que teníamos a los cinco años o a los quince. Sería muy triste si así fuera. La personalidad es una expresión del universo en evolución; cambia, crece, evoluciona y se transforma constantemente. Todo en nuestra vida se transforma constantemente, pero ante una presencia que está siempre ahí. Esa presencia estaba ahí en nuestra infancia, después en nuestra niñez, en nuestra adolescencia, tal como está ahí en este momento. Y estará ahí mañana cuando seamos muy ancianos.

¿Quién vive esta experiencia? El verdadero yo, ese yo al cual denominamos *conciencia pura, el campo de inteligencia, el ser interior, el alma, el espíritu, la conciencia infinita, el Ser que mora en nuestro interior.* Aquí hemos utilizado todos estos términos como sinónimos. Cuando entramos en contacto con esa presencia, cuando realmente nos sentimos íntimos con ella porque es nuestro ser interior, llegamos a reconocer por experiencia propia, sin que nadie nos diga, que ella estaba ahí antes de nuestro nacimiento y continuará ahí después de nuestra muerte.

En India desde la antigüedad se ha dicho sobre el alma que "El fuego no la quema, el agua no la moja, el viento no la seca, las armas no la hieren. Es antigua, no tiene principio ni fin". El alma es la fuente de toda la realidad, pero el ámbito del alma está más allá de la cotidianidad. Esa es la razón por la cual es necesario experimentar el ámbito del alma para mantenerse en contacto con ella y experimentar las cualidades de nuestro *verdadero* ser.

¿Cómo experimentar el ámbito del alma? Pasando tiempo en silencio, aquietando la incesante conversación temporal de la mente y sintonizándose con la calma infinita y serena del alma. Cuando experimentamos el silencio total en nuestro cuerpo-mente, reconocemos que no somos nuestros pensamientos sino el Ser que tiene los pensamientos.

Lentamente, a medida que pasamos más tiempo en silencio, notamos que el paisaje va y viene, pero el observador siempre esta ahí. Nos damos cuenta de que no somos el paisaje, sino el observador, el testigo. Cuando reconocemos que nuestra identidad no está en el paisaje sino en el observador, todo comienza a despertar lentamente. Vislumbramos el alma y comenzamos a experimentar estados cada vez más vastos de la conciencia: conciencia cósmica, conciencia divina y unidad de la conciencia.

Pasando tiempo en silencio comenzamos a reconocer que, independientemente del paisaje, somos el pintor que lo plasma en el lienzo. Siempre hemos sido el pintor. Anteriormente pintábamos inconsciente, aleatoria y caóticamente. Ahora, como el gran Miguel Ángel o como un Leonardo Da Vinci, creamos conscientemente una obra maestra que influye sobre nuestro destino y el de los demás.

Como ya vimos, cuando deseamos que algo se convierta en nuestra experiencia de vida, basta con poner en ello nuestra atención. Así, si usted desea experimentar la realidad del alma, ponga su atención en ella. Aparte su atención del mundo del intelecto y del ego para sintonizarse con el mundo del alma. Entre en comunión con su alma. Sienta su alma. Con el simple hecho de estar en el silencio de su alma podrá conectarse con su fuente. ¿Cómo saber si se ha conectado con su fuente? Hay ciertas señales que nos indican cuándo estamos conectados con la fuente y viviendo desde ella. Y es posible llevar la cuenta de nuestro progreso espiritual prestando atención a esas señales.

La primera señal de estar viviendo desde la fuente es cuando dejamos de preocuparnos. Nada nos preocupa. ¿Qué podría preocuparnos si estamos conectados con nuestra fuente? Entonces nos sentimos alegres y despreocupados. No nos ofenden los comentarios de los demás; no nos obsesionamos con tener la razón y no oponemos resistencia a las cosas como son. Nos sentimos livianos y espontáneos y no oponemos resistencia a lo que sucede a nuestro alrededor.

La segunda señal de que estamos viviendo desde la fuente es la experiencia de la sincronía y de las coincidencias significativas. ¿Por qué la sincronía y la coincidencia? Porque las dos son expresiones del poder organizador infinito de la conciencia pura. La sincronía y la coincidencia se orquestan en ese lugar que está más allá del espacio, del tiempo y la causalidad, en el ámbito del alma conocido como la *correlación infinita*, donde las cosas suceden al mismo tiempo. *Cronos* significa tiempo, y cuando todo está *sincronizado en el tiempo* o en coincidencia, sabemos que estamos recibiendo un mensaje del alma.

Coincidencia se refiere a la convergencia de varios sucesos que normalmente no se presentarían juntos, como si fuera una conspiración de sucesos improbables. Aunque una coincidencia puede parecer accidental, la verdad es que los accidentes o los sucesos aleatorios no existen. Lo que denominamos *accidente* o *suceso aleatorio* es la correlación no local de la mente universal. Todo suceso es orquestado por la conciencia infinita, y todo suceso es una conspiración de una infinidad de sucesos. Es necesaria una conspiración del universo para que suceda cualquier cosa en nuestro cuerpo, en nuestra mente, o en nuestra vida.

Aunque quizás no la comprendamos, la verdad esencial del universo es que es sincrónico y coincidental. Todo está conectado con todo lo demás, y cuando estamos en sincronización con el universo, experimentamos esa sincronía. Mientras más fuerte la conexión, mayor es la frecuencia con la cual experimentamos coincidencias o sucesos simultáneos. Por tanto, no debemos jamás hacer caso omiso de las coincidencias. Cuando se nos presenten debemos preguntarnos, *¿Qué significa esto? ¿Cuál es el significado de esta coincidencia?*

Las coincidencias son mensajes del alma; son pistas para nuestro Yo no local. El yo local es la persona que creemos ser. El Ser no local es el espíritu infinito. Los dos son parte de nuestra experiencia, de tal manera que cuando sucede una coincidencia es porque vislumbramos el alma, el Ser no local. Cuando tenemos conciencia del alma, experimentamos todo como un milagro. Nos sentimos alegres y la vida comienza a transformarse. Vemos la conexión entre nuestro mundo interior y el mundo exterior; reconocemos que todo lo que nos sucede en la vida es orquestado por el universo en su totalidad.

Cuando reconocemos este hecho, la mente nos da vueltas desconcertada y asombrada ante el milagro del espíritu. Este asombro produce gratitud, y la gratitud activa todavía más milagros. Esto nos impulsa hacia un nivel más elevado de la conciencia. Cuando llevamos la atención por encima de las trivialidades y la agitación del mundo al plano de lo mágico y lo milagroso, la vida se torna mágica y milagrosa. La atención se mantiene alerta espontáneamente al hecho de que la vida misma es un milagro. Y mientras más ponemos nuestra atención en los milagros, más nos convertimos en creadores conscientes.

Por último, la tercera señal de que vivimos desde la fuente es que reconocemos en nosotros a un creador en lugar de una víctima. Nos damos cuenta de que el mundo es el espejo de nuestros pensamientos, nuestros sentimientos, nuestros deseos y nuestras interpretaciones. Sabemos que cada situación, cada relación, cada suceso de nuestra experiencia es el espejo de algo que llevamos dentro. Cuando no nos agrada lo que sucede en nuestro mundo, no tratamos de corregirlo desde afuera. Eso sería como brillar las hojas de una planta en lugar de regar sus raíces.

Reconocemos que cuando experimentamos infelicidad en la vida es a causa de nuestra propia creación.

De lo contrario, permanecemos en la modalidad de víctimas: *Pobre de mi. Me pasan estas cosas y no tengo poder alguno para modificar la situación.* ¿Para qué esperar que el mundo cambie cuando en realidad somos sus creadores? Todo lo que nos sucede es producto de nuestra creación. Por tanto, debemos preguntarnos, *¿Qué debo cambiar en mi interior para que esto no suceda?*

Ninguno de los problemas de la Tierra se pueden resolver buscando la solución a nivel del problema. Pero todos los problemas tienen solución a nivel del espíritu. Entonces debemos ir más allá del mundo de la ilusión, de la máscara de las apariencias, al mundo invisible del espíritu. En el mundo del espíritu encontramos al creador tanto del cuerpo-mente personal como del cuerpo-mente cósmico. A este nivel ya ni siquiera luchamos con el problema sino que nos elevamos por encima de él y, al hacerlo, creamos una nueva solución.

No hay circunstancia que pueda opacar la experiencia de liberación total emanada de la conciencia pura. Y la única manera de experimentar realmente la conciencia pura es trascendiendo el pensamiento para entrar en comunión silenciosa con el alma.

∾

LA EXPERIENCIA Y LA PRACTICA DE LA PODER

Dedique tiempo a estar en comunión
silenciosa con su alma

Si me preguntaran cuál ha sido la experiencia más importante de mi vida, diría que es la de trascender a un lugar de quietud y silencio dos veces al día, todos los días. A través de la meditación experimento el estado del Ser, el cual constituye el estado básico de mi cuerpo-mente, de mi vida. Por tanto, para mí, ésta es una de las cosas más importantes que podemos hacer para evolucionar a un estado más elevado de conciencia.

Suspenda ahora mismo lo que está haciendo y cierre los ojos. Tan pronto como los cierra comienzan a llegar automáticamente los pensamientos, ¿no es así? Si le pido que no haga otra cosa que permanecer sentado con los ojos cerrados, seguramente se quejaría de tener una avalancha de pensamientos. Eso es perfecto, porque la mayoría de las personas no se quejan a causa de eso. Sencillamente expresan sus pensamientos en acciones y ni siquiera son conscientes de que ellas no son sus pensamientos. Por tanto, lo primero que aprenderá a través del silencio de la meditación es que es el "yo soy" quien observa sus pensamientos.

Después, mientras observa con cuánta facilidad llegan los pensamientos, introduzca un mantra. ¿Qué es un mantra? Un mantra es un sonido, un encantamiento no verbal que se repite una y otra vez sin mover la lengua ni los labios. Los mantras generales son "so-ham", "ah-ham" o sencillamente "yo soy". Cuando se repite el mantra lo que sucede es que los pensamientos interfieren con él y el mantra interfiere con ellos. Entonces, permaneciendo en esa sensación, en ese estado de quietud, a veces los pensamientos y el mantra se cancelan mutuamente. Es entonces cuando entramos en la brecha de silencio entre los pensamientos.

En esa brecha entre los pensamientos nos convertimos en el testigo, el observador. Por tanto, desde ahí podemos observar los pensamientos, sentimientos, emociones y reacciones. En nuestra calidad de testigos, observamos sin asignar etiquetas, definiciones, descripciones, análisis, evaluaciones o juicios de valor. Krishnamurti, el gran filósofo indio, decía que la forma más elevada de inteligencia humana es la capacidad de observarse uno mismo sin juzgarse.

Por tanto, continúe observando hasta que entre al ámbito del alma. Allí será testigo de la presencia del espíritu en todo lo que vea, oiga, huela, deguste y toque. En ese nivel hay solamente un testigo, un Ser, y todo el universo es el cuerpo físico de ese Ser. En el plano del alma hay una sensación más refinada de saber y es posible espiar a la mente cósmica. Es entonces cuando llegan las respuestas a las preguntas y cuando los problemas se resuelven porque el mundo del ego se transforma en el mundo del espíritu, de la potencialidad pura y de las posibilidades infinitas.

Pasando tiempo en comunión silenciosa con el alma llegará a conocer a su Ser, el hacedor de la realidad. Esta clase de conocimiento no es del que se obtiene a través de los libros o en las universidades del saber; lo que sucede es que usted se convertirá en conocimiento. Y una vez que eso suceda, se liberará de la necesidad de entender, de aferrarse, de la repulsión, del miedo y del impulso de huir. Se liberará del pasado y del futuro. En ese conocimiento hay poder, hay libertad y hay una vida de gracia.

Lo invito a comprometerse a disfrutar de los períodos de silencio y soledad para estar consigo mismo, para conectarse con la naturaleza y disfrutarla, para encontrar la felicidad en los entornos tranquilos. Convierta en hábito la práctica de sentarse en silencio o a meditar todos los días. La meditación silenciosa acalla la mente y permite dejar atrás los pasillos oscuros y los desvanes llenos de fantasmas de la mente para llegar al mundo de lo trascendente. Meditando en silencio aprenderá a cultivar la paz del silencio interior.

Hay estudios que han demostrado que cuando las personas meditan, la salud física y emocional mejora palpablemente. Se reduce la presión arterial, se fortalece la resistencia a la enfermedad, la persona responde más tranquilamente a las situaciones difíciles, mejora el desempeño en el trabajo, mejora la autoestima y las relaciones se hacen más positivas. Las personas que han practicado con regularidad la meditación durante cinco años tienen una edad biológica doce años menor que la de sus contemporáneos. Pero la razón más importante para meditar es la de conectarse con el alma.

El alma es el plano de la conciencia donde somos a la vez personales y universales. Cuando nos conectamos con el alma, nos conectamos con ese campo de inteligencia que dirige la actividad infinita y diversa del universo. Mientras más nos conectamos con el alma, más nos convertimos en el testigo alerta de nuestros pensamientos, sentimientos, aspiraciones, intenciones y deseos, y hasta de los matices del cambio que se manifiestan en forma de malestar o bienestar en el cuerpo.

En el tejido perfecto de la inteligencia donde todo está conectado con todo lo demás, hasta la más mínima alteración en una parte de ese campo afecta todo el tejido de la vida. Cuando somos sensibles a las fluctuaciones de nuestro microcosmos, es mayor nuestro grado de alerta a los efectos que esas fluctuaciones tienen sobre el macrocosmos que es el universo. Como resultado de esa conciencia, optamos conscientemente por alinearnos con los impulsos más evolutivos de la inteligencia que se manifiestan a través de la diversidad infinita del universo.

El *universo*, como lo dice su nombre, es un verso, una canción, una melodía. La palabra *diverso* se refiere a muchos cantos o versos diferentes de la misma melodía. Cuando nos alineamos con la *diversidad* infinita del *universo*, nuestros deseos personales armonizan con los deseos de la mente única. Se hacen más evolutivos porque la mente única se mueve en dirección de la evolución superior. El deseo evolutivo trae realización simultánea a todos los involucrados en el deseo. Así, aunque nuestro deseo individual nos beneficie personalmente, también reverberará a través del océano de la conciencia universal para beneficiar simultáneamente a todos los afectados por él.

La siguiente es una técnica para ingresar al ámbito del alma. Cierre los ojos y siéntese en silencio o en meditación durante veinte minutos. Después de veinte minutos de silencio, abra los ojos e invite a sus arquetipos favoritos, a sus héroes y heroínas, para que se expresen a través suyo. Podría ser una figura religiosa como Buda, Jesucristo, la Virgen María o Mahoma. Podrían ser sus ancestros espirituales o uno de los dioses o las diosas de la mitología antigua.

Comience por preguntarse, *¿Quiénes son las personas a quienes deseo imitar, mis héroes o heroínas de la historia, de la mitología, de la religión? ¿Quién me inspira? Ellos son las semillas de grandeza que albergo en mi interior.* Durante el resto del día, sienta las sensaciones de su cuerpo, y cada vez que experimente problemas o dificultades, pida a sus héroes que encarnen a través suyo y le sirvan de guía. Después, antes de ir a la cama, traiga a la memoria todo su día y dígase, *No es más que un sueño. Desapareció.*

Sencillamente observe lo que sucedió durante el día sin analizar, ni evaluar, ni juzgar. Sencillamente observe el día y diga, *Ya pasó.* Después dígase, *Así como observé mi día, observaré mis sueños.* Cuando

despierte en la mañana y recuerde sus sueños, diga,
Esto ya pasó.

El tiempo pasado en silencio y soledad le permite
escapar de la prisión del intelecto y despertar de la
hipnosis del condicionamiento social. Al aquietar la
mente entrará en el ámbito de la conciencia pura, el
cual es infinitamente silencioso y dinámico al mismo
tiempo; es creatividad pura en su esencia. En el silencio y la soledad estará con el único Ser, con lo cual
entrará en armonía con el cosmos.

En el silencio y la soledad jamás sentirá abandono, porque el abandono es una desconexión. En el
silencio y la soledad sentirá la conexión con todo. Y
ese estado de conexión, esa vida desde la fuente, es
la clave del poder.

Preste atención a las cualidades de la conciencia pura

Quisiera también sugerir que observe las cualidades
de la conciencia pura y elija un día cualquiera para
mantener presente una de esas cualidades. Son las

cualidades que estructuran la diversidad infinita del universo. También son sus cualidades en su estado más simple de conciencia. Algunas de las cualidades de la conciencia pura son la potencialidad pura, las posibilidades infinitas, el silencio infinito, el conocimiento puro, la libertad, la flexibilidad, la ausencia de limitaciones, la autosuficiencia, la referencia al ser, el despertar total a sí mismo, el dinamismo infinito, la creatividad infinita, la correlación infinita, el poder organizador infinito, el equilibrio perfecto. También es evolutiva, nutritiva, armonizadora, simple, dichosa e invencible.

Por ejemplo, elija un día cualquiera para mantener presente la cualidad de la libertad. ¿Qué significa mantener presente la libertad? Significa no tratar de analizar o interpretar la noción de libertad sino simplemente poner la atención en la cualidad de la libertad. Mantenga la libertad viva en su conciencia y observe los cambios que se producen en su vida. Sea el testigo silencioso de la libertad y verá cómo, espontáneamente, comprenderá la mecánica de la libertad.

Lentamente, con el tiempo, esta práctica le proporcionará espontáneamente la experiencia de la libertad.

Entonces, otro día, elija otra cualidad y manténgala presente en su conciencia. Al poner su atención en las cualidades de la conciencia pura, éstas generarán espontáneamente cambios en su fisiología y se manifestarán como su realidad.

✸ Nunca deje de hacer preguntas

Si desea una fórmula sencilla para lograr acceso al campo de inteligencia, entonces todas las mañanas antes de iniciar su período de silencio y meditación, lleve su atención a su corazón y pregúntese, *¿Quién soy yo? ¿Qué deseo?* Después de hacerse estas preguntas, escuche. El universo es un campo de posibilidades que se ve precisado a tomar decisiones cuando recibe sus preguntas. No hay necesidad de salir a buscar las respuestas. Tan pronto como formule esas preguntas, las respuestas comienzan a aparecer. Esas dos preguntas equivalen a una invitación para que el campo de las posibilidades infinitas elija en nombre suyo. Sencillamente pregunte, con la seguridad de que algo pasará. Comenzará a ver que en su vida aparecen pistas que le servirán para responder esas preguntas. Las respuestas pueden llegar en forma de una idea, una inspiración, un encuentro casual, un impulso creativo súbito. También pueden llegar a través de la sincronía y la coincidencia, una relación, una situación, una circunstancia o un suceso.

Hay otras preguntas que también puede hacerse: ¿Cuál es mi propósito en la vida? ¿Qué contribución puedo hacer a mi familia, a mi sociedad, a mi mundo? ¿Cuáles son mis talentos singulares y cómo puedo expresarlos en servicio de la humanidad? ¿Cuáles cosas me producen alegría y experiencias excepcionales? ¿Cuáles cualidades deseo expresar en mis relaciones?

Continúe haciendo preguntas para que las respuestas vayan incubándose. Este período de incubación sirve para que la computadora cósmica, la esencia de la conciencia infinita y de la correlación ilimitada, tome la infinidad de detalles de la situación para computar la respuesta correcta. Las preguntas sirven para ir explorando los diversos ámbitos de la existencia. ¿Y a quién van dirigidas esas preguntas? A su ser interior.

El poeta Rumi dice, "Todo el universo existe dentro de ti; pregúntate todo a ti mismo". Toda realización proviene de la creatividad del alma; no hay nada que usted no pueda resolver si le deja a su alma el encargo de encontrar la solución.

Nunca deje de hacer preguntas. No busque respuestas; haga preguntas. Pregunte y recibirá. El poder que duerme en todos nosotros se despierta únicamente con nuestro llamado.

∽

PUNTOS CENTRALES
Para experimentar y practicar el poder:

• Pase tiempo en el silencio de la comunión con su alma.

• Preste atención a las cualidades de la conciencia pura.

• Nunca deje de hacer preguntas.

· 10 ·

¿Qué es la libertad y cómo experimentarla?

❦

*Libertad: El poder de pensar o actuar sin restricción;
la capacidad para elegir*

Uno de los aspectos más cruciales de la vida es la noción de la libertad y de la esclavitud. En últimas, nuestra meta es experimentar la libertad, pero a fin de comprender lo que ella significa debemos primero comprender lo que significa la esclavitud. ¿Qué significa ser libre y qué significa ser esclavo?

Ser esclavo significa estar atascado en una posibilidad cualquiera por haber perdido la capacidad de elegir entre una gama infinita de soluciones. ¿Con qué se relaciona esa esclavitud? La esclavitud se refiere siempre a los límites que nos imponemos, a nuestras propias creencias y a nuestras reacciones condicionadas. Los límites y las creencias no son más que ideas o conceptos con los cuales nos hemos comprometido por haberlos aceptado como verdades. Cuando son tan rígidos e inflexibles como el concreto no podemos ver más allá de ellos. Se convierten en los muros de una cárcel que construimos inadvertidamente a nuestro alrededor.

Nos envolvemos en nuestros pensamientos de la misma manera que una araña envuelve a una mosca con su red. Somos a la vez la araña y la mosca, enredados en nuestra propia red. Toda nuestra existencia, junto con otras existencias, están empaquetadas en nuestro interior como improntas o patrones de energía que se disparan por el efecto de las palabras, los encuentros y las relaciones. Hemos sido condicionados para interpretar nuestras experiencias de una cierta manera, la cual determina también nuestra forma de reaccionar a ellas.

Así, cualquier esclavitud que experimentamos es realmente la cárcel de nuestro propio condicionamiento.

La mayoría de las personas viven durante toda su vida como esclavas. Son un manojo de nervios y de reacciones condicionadas activadas constantemente por otras personas y circunstancias para producir resultados totalmente previsibles. Para liberarnos de la esclavitud debemos derrumbar las reacciones condicionadas; debemos ir más allá de los límites para experimentar lo ilimitado.

¿Qué es la libertad? La libertad viene del conocimiento vivencial de nuestra verdadera naturaleza, la cual es libre en sí misma. Encontramos la libertad cuando descubrimos que nuestra esencia real es el campo siempre dichoso de la conciencia infinita que anima toda la creación. Tener la experiencia de ese testigo silencioso no es otra cosa que ser. Entonces somos libres. En ese estado de libertad comprendemos que la vida es la coexistencia significativa de todos los valores opuestos. Podemos experimentar alegría o dolor y sufrimiento, pero no nos apegamos al placer y tampoco huimos aterrorizados del dolor. En la libertad hasta perdemos el miedo a la muerte, porque la idea de la mortalidad no es más que un hechizo que hemos lanzado sobre nosotros mismos.

Detrás de la máscara de la mortalidad está el campo de la inmortalidad. Su verdadero ser es inmortal; está más allá del nacimiento y de la muerte. Su verdadero ser no es su ego, el cual está limitado por el tiempo; es su espíritu, el cual es atemporal. Cuando logre reconocer eso, cuando se identifique con su espíritu, será libre de toda limitación, incluida la de ser una persona atrapada dentro de un cuerpo durante un período de vida. Usted es la fuente tanto de su cuerpo como de su mente, y este mundo de cambio no lo afecta porque usted sabe que es la esencia inmutable de la conciencia pura.

Lo temporal va y viene; lo eterno siempre está. Lo temporal es lo conocido; lo atemporal es lo desconocido que se renueva constantemente. A causa de nuestra adicción a lo temporal hemos proyectado una realidad de separación y sufrimiento. Vivimos en una pesadilla colectiva, una alucinación colectiva en la cual somos los prisioneros y esclavos de nuestras propias proyecciones. El pasado y el futuro están en nuestra imaginación; la realidad es este momento. El sufrimiento está en la imaginación; la libertad es este momento. Más allá de todos los obstáculos que se alzan contra la libertad hay un mundo libre de todas las proyecciones; es el mundo de la conciencia infinita. Y ese mundo reside en el momento eterno.

Nunca hubo una época en que su vida no fuera este momento presente. Jamás habrá una época en la cual su vida no sea esté momento presente. Es imposible manejar aquello que no existe en este momento. Por consiguiente, viva en este momento, manteniendo su atención en él. Resida en este momento, y así residirá en lo eterno, lo atemporal, lo nuevo, aquello que no tiene edad.

El universo se experimenta a sí mismo desde una infinidad de perspectivas en este momento presente. Una de esas perspectivas es usted, en este momento. Usted no tiene límites ni principio ni fin, no está en ningún lugar en particular pero está en todas partes al mismo tiempo. En ningún lugar es también *aquí ahora*. Cuando viva en el *aquí ahora*, reconocerá que su verdadero ser vive en el momento atemporal y eterno. Ya no deseará vivir en los recuerdos del pasado ni en los sueños del futuro. Deseará vivir en el momento presente, donde podrá ejercer el poder y la libertad de elegir.

Todo el propósito de vivir en libertad consiste en disfrutar las decisiones tomadas en cada momento sucesivo del presente. La gente me pregunta si el mundo es determinista o si existe el libre albedrío. Yo digo que el mundo es determinista y que también existe el libre albedrío. Cuando estamos conscientes y superamos el condicionamiento, gozamos de nuestro libre albedrío y vivimos libres. Pero cuando no estamos conscientes y vivimos condicionados, entonces no tenemos libre albedrío y nuestro mundo es determinista.

El presente es el momento para elegir e interpretar. Aquello que elegimos en este momento crea los sucesos externos que experimentamos en este momento. Nuestras interpretaciones de este momento crean los sucesos internos que experimentamos en este momento. Y puesto que el mundo "exterior" es reflejo de nuestro mundo "interior", nuestras decisiones e interpretaciones crean conjuntamente y se perpetúan entre sí. Recuerde que usted no es la decisión ni la interpretación, sino la fuente de ambas. Por consiguiente, el ingrediente fundamental es observar en silencio. Tome conciencia de sus decisiones e interpretaciones y comenzará a experimentar la libertad para elegir.

El testigo silencioso es conciencia en sí mismo. La conciencia, consciente de sí misma, es presencia, sabiduría profunda y paz. Por tanto, el secreto de la libertad está en vivir en la conciencia referida al ser, lo cual significa identificarse con el ser interior en lugar de la imagen que tenemos de nosotros mismos. En esta libertad radica nuestra capacidad para poner espontáneamente nuestra atención en las decisiones que nos traen felicidad a nosotros y también a los demás.

☙

LA EXPERIENCIA Y LA PRACTICA DE LA LIBERTAD

Practique la conciencia del momento presente,
centrado en la vida

Salga de la prisión de la conciencia temporal y entre al mundo de la libertad atemporal. La prisión de la conciencia limitada por el tiempo es el mundo de la separación y el sufrimiento. El mundo de lo atemporal es el mundo de la conciencia pura, donde cada momento es libre. Este momento es libre porque todas nuestras tribulaciones residen en el pasado o en el futuro, lo cual significa que están en la imaginación.

Cuando le preocupe una situación, pregúntese *¿Qué anda mal en este momento?* Esa pregunta le ayudará a darse cuenta de que en el momento presente no hay problemas. Independice la situación del momento, porque la situación pasará, mientras que el momento permanecerá. La situación siempre se transforma, mientras que cada momento es perfecto e inmutable.

Mantenga su atención en este momento. Ese es el *único* momento sobre el cual tiene el poder para actuar. Nada es posible hacer en el pasado o en el futuro, de tal manera que si permanece en el pasado o en el futuro, se sentirá inerme. La vida es este momento. Por tanto, viva en este momento. Actúe en este momento. Tenga la intención de este momento. Despréndase de la preocupación en este momento. Permanezca en este momento. De eso se trata la conciencia de la vida en el momento presente.

Usted puede hacer de este momento un acto de belleza y de perfección practicando la conciencia de vivir en el momento presente. El ahora es la puerta a la eternidad y, si vive en el momento, vivirá desde la fuente. En cada momento está abierta la puerta hacia la fuente. Aunque la fuente jamás lo ha abandonado, los recuerdos del pasado y los anhelos del futuro pueden opacarla. Si logra mantener su atención en el momento, si presta atención a aquello que es, entonces verá la plenitud en cada momento. Eso está en su poder ahora, porque el único tiempo que tiene es ahora.

El ahora es el momento interminable. Cuando sucedió el pasado, sucedió en un ahora. Cuando suceda el futuro, sucederá en un ahora. El presente es el único momento que nunca termina porque el presente es atemporal e inconmensurable. El presente es la conciencia infinita siendo todo aquello que fue, todo aquello que es, y todo aquello que será.

Lo que es, es la actividad de todo el universo en este momento. Para que algo suceda, todo el universo tiene que estar sucediendo como está sucediendo. Cada suceso de la vida es una conspiración del universo en su totalidad, de tal manera que si se resiste a este momento, estará oponiendo resistencia a todo el universo. Recuerde que las situaciones difíciles no son la causa del sufrimiento; el sufrimiento emana de la resistencia. Cuando siente resistencia es porque su mente inconsciente percibe una situación como intolerable. Sin embargo, la resistencia solamente perpetúa la situación porque la atención está puesta en el problema.

Aunque una situación sea desagradable, independícela del momento y entréguese al momento.

Entregarse es integrarse a la corriente de la vida. Es probable que la situación que rodea a este momento sea intolerable, pero el momento mismo sigue siendo perfecto. Al entregarse a este momento y hacer lo que la situación exige, estará afianzado en el Ser mientras actúa. Eso es lo que significa estar en el mundo pero no ser de él.

Cuando nos entregamos al momento presente, actuamos desde el nivel del alma. Y cuando actuamos desde el nivel del alma, hacemos lo correcto para el momento presente. Actuamos sin dejarnos empujar compulsivamente por un recuerdo de resentimiento o de maltrato. Cuando actuamos desde el nivel del alma, somos como los verdaderos guerreros espirituales que actúan sin ira, sin resentimiento y sin sentirse motivados por los agravios o el moralismo.

Aprenda a actuar en cada momento como testigo desprendido y silencioso y podrá hacer lo correcto espontáneamente, con tacto y en el momento indicado. Esa actuación no es producto de la esclavitud y no provoca sufrimiento. La situación cambiará momento

a momento porque ésa es la voluntad del Ser único.
Pero si aprende a fluir con el momento, su voluntad
estará en armonía con la del Ser único. Si se entrega al
momento, actuará sin esperar nada a cambio, pero sí
con la intención de lograr un resultado. Un resultado
que no está sujeto a expectativas ni apegos se encarga
él mismo de orquestar su propia realización. Esto se
debe a que el poder de todo el universo respalda la
intención en el momento presente. El universo solamente opera en el ahora eterno. Por tanto, si ejecuta el
momento presente con plena conciencia se moverá con
el impulso evolutivo del universo. Haga impecable-
mente lo que tenga que hacer en este momento, y deje
el resultado en manos de lo desconocido.

Siempre que sienta resistencia, limítese a obser-
varla; después entréguese a aquello que es. Si no logra
entregarse a una situación difícil, entonces entréguese
a su dolor y su sufrimiento. Observe su dolor y su
sufrimiento sin intelectualizarlos, sino simplemente
sintiéndolos. La fuente es integridad. La fuente desea
sanarlo y levantar su dolor, pero no eliminando los

recuerdos dolorosos sino trayéndolo totalmente al presente, donde no existe el pasado. Será libre si logra centrarse totalmente en la vida en este momento presente.

Una técnica que le ayudará a vivir cada momento con conciencia, sin preocupaciones, con tranquilidad, consiste en observar la respiración. Su respiración no está en el pasado ni en el futuro; está solamente en el momento presente. Cada inhalación trae consigo la conciencia infinita. Cada exhalación lo lleva a usted hacia la conciencia infinita. Y en el espacio entre la inhalación y la exhalación usted reside en la conciencia infinita. En realidad nada va y viene sino que usted permanece eternamente en la corriente de la conciencia.

Observe su respiración y practique el estar consciente de la vida en el momento presente. Al hacerlo, podrá llegar a un ámbito de la conciencia donde su atención estará puesta en aquello que es y donde sentirá la presencia del espíritu y podrá percibir la plenitud de cada momento.

En este momento presente, todo el universo emerge de la nada. Detrás de todo el ruido y la actividad de la vida hay silencio y quietud en el presente. El poder de la conciencia pura está presente ahora. La libertad del espíritu atemporal e infinito está presente ahora. La gracia de la belleza sencilla y genuina de la vida está presente ahora. El poeta Rumi dice, "El velo del pasado y el futuro nos impide ver a Dios; destrúyelos ambos en el fuego de la presencia". La presencia de Dios se halla en este momento, y el tiempo es el único obstáculo para llegar a Dios.

Observe sus comportamientos adictivos sin juzgarlos

En su mayor parte, el comportamiento humano no es otra cosa que el afán de huir del dolor y buscar el placer. Cada vez que experimentamos un suceso, trátese de una visita al odontólogo o de montar en un juego mecánico en un carnaval, nuestra conciencia registra internamente la experiencia en un espectro que va desde el extremo del dolor hasta el extremo del placer. Una vez que termina la experiencia, el recuerdo de la misma queda fijado en la parte correspondiente al sufrimiento o al placer y continúa existiendo en nuestro cuerpo-mente.

La memoria es útil porque nos da una sensación de continuidad. Pero la memoria también nos aprisiona porque nos condiciona de manera previsible. El Señor Shiva, el gran yogui, decía, "Utilizo los recuerdos pero no permito que los recuerdos me utilicen". Debemos utilizar los recuerdos porque de lo contrario no encontraríamos el camino para llegar a casa. Cuando utilizamos los recuerdos somos creadores. Pero cuando nuestros recuerdos nos utilizan, nos convertimos en víctimas.

El espíritu nos invita a salir de la prisión de la memoria y de las reacciones condicionadas para experimentar la libertad. Y el paso siguiente en el vuelo hacia la libertad consiste en observar nuestros comportamientos adictivos sin juzgarlos. La adicción es la principal enfermedad de la civilización y tiene relación con todas las demás enfermedades, ya sea directa o indirectamente. Además de las adicciones físicas como la adicción a la comida, el tabaco, el alcohol y las drogas, hay adicciones psicológicas como la adicción al trabajo, al sexo, a la televisión, a las compras, a lucir jóvenes, al control, al sufrimiento, a la ansiedad, al melodrama, a la perfección.

¿Por qué somos adictos a todas esas cosas? Somos adictos porque no vivimos desde la fuente, porque hemos perdido nuestra conexión con nuestra alma. Consumir comida en exceso, alcohol o drogas es básicamente una respuesta material a una necesidad que no tiene realmente un fundamento físico. La ebriedad, por ejemplo, es una forma de olvidar la memoria personal para poder experimentar la alegría de lo no personal, de lo universal. No buscamos una simple sensación, ni siquiera olvidar la sensación, sino experimentar la dicha pura. El comportamiento autodestructivo es un anhelo espiritual no identificado. Todas las adicciones son una búsqueda del gozo espiritual, y esa búsqueda tiene que ver con la expansión de la conciencia, la intoxicación con el amor, el cual es conciencia pura.

La gente trata reiteradamente de superar sus adicciones a través de métodos físicos, psicológicos o farmacológicos, pero ninguno de ellos ofrece una cura permanente. La única cura para la adicción es espiritual. Anhelamos la experiencia del éxtasis, la cual es una necesidad tan básica como la necesidad de alimento, agua o cobijo. La palabra *éxtasis* o *ekstasis*, significa literalmente salir. El verdadero éxtasis es liberarse de la esclavitud del mundo del materialismo sujeto al tiempo y al espacio. Ansiamos liberarnos del miedo y la limitación. Anhelamos olvidar el ego para poder experimentar nuestro Ser infinito.

Comience a partir de hoy a superar sus comportamientos adictivos observándolos sin juzgar. Al despertar cada mañana eleve una plegaria: "Gracias Dios mío por hacerme tal y como soy" y después obsérvese. Sea testigo de sus pensamientos, sus estados de ánimo, sus reacciones, sus comportamientos. Ellos representan sus recuerdos del pasado y al observarlos en el presente, se libera de su pasado. Al observar sus comportamientos adictivos, observa su condicionamiento. Y al observar su condicionamiento se libera porque usted no es su condicionamiento; usted es el observador de su condicionamiento.

Observe los espacios de silencio entre sus pensamientos, sus actuaciones, sus reacciones y sentirá la presencia del espíritu en la quietud de esos espacios. Con la simple observación se inicia el proceso de sanación y transformación. Persistiendo en la práctica de la conciencia siempre presente de su propio ser verá florecer en usted la intuición, el conocimiento, la imaginación y la intención.

La gente me pregunta, "Si el universo es tan maravillosamente organizado y todos nacemos con tanto potencial y tanta creatividad, ¿entonces por qué somos tan ignorantes?" Bien, si ya fuéramos iluminados, no tendríamos nada qué hacer. Es un proceso. Si ocasionalmente sucumbe a su comportamiento adictivo, comprenda que también eso es parte del proceso. Puede caer una y otra vez, pero siempre podrá levantarse y continuar su viaje.

Por caótico que parezca su entorno, permanezca alerta y sobrio en su observación consciente del presente eterno. Decida no ser arrastrado hacia el melodrama que lo rodea. Repítase, *No soy superior ni inferior a ningún otro ser de la existencia. Santo o pecador, el espíritu que reside en mi interior es el espíritu divino, el cual ha asumido un cierto papel en esta vida, así como ha asumido otros papeles en otras vidas. Rindo tributo al espíritu divino que vive en mi y en todos los seres igualmente santos y sagrados, independientemente del papel que esté representando en ellos.*

Ninguno de nosotros somos los personajes que representamos. Cuando reconocemos esta verdad nos es más fácil perdonar todas las transgresiones aparentes. No sentimos la urgencia de rotular, de evaluar, de analizar o de juzgarnos a nosotros mismos o a los demás. Cuando abandonamos la necesidad de rotular o de juzgar nos es más fácil renunciar al deseo de controlar y manipular a los demás.

Al conocer la verdadera naturaleza de la realidad es posible trascender el sufrimiento. Al trascender el sufrimiento es posible ayudar a otros a hacer lo mismo. A medida que avanzamos por el camino de la sanación ayudamos a otros a sanar. Y podemos comenzar a sanar observando nuestros comportamientos adictivos sin juzgarlos. Una vez que encontramos nuestro verdadero ser, una vez que recuperamos nuestra integridad, la única intoxicación que nos queda es la de la conciencia pura, la del Ser puro.

Trascienda su temor a lo desconocido

Cada momento contiene un punto de unión entre lo conocido y lo desconocido. En ese punto, lo desconocido se transforma en lo conocido. ¿Qué es lo conocido? Lo conocido es todo lo que ya ha acontecido. Tan pronto como pronunciamos la palabra "conocido", ya está en el pasado; ha desaparecido. Lo conocido es un recuerdo. ¿Y qué es lo desconocido? Lo desconocido corresponde al campo de todas las posibilidades en cada momento sucesivo del presente. Lo desconocido es lo ilimitado y libre.

En este momento estamos en lo desconocido, y todo lo que suceda de aquí en adelante es lo desconocido. En efecto, vivimos, respiramos y funcionamos en lo desconocido todo el tiempo, aunque fingimos que es lo conocido. Cuando nos aferramos a la pretensión, a la ilusión, perdemos contacto con lo real y comenzamos a temer lo transitorio e irreal, incluida la muerte.

/ La mayoría de las personas le temen a lo desconocido, cuando realmente deberían temerle a lo conocido. Vivir en lo conocido equivale a vivir en la prisión del pasado y, por tanto, en la imaginación. Lo conocido es una ilusión. La realidad verdadera es lo desconocido, de modo que ¿por qué no vivir en lo verdaderamente real? Cuando damos el paso hacia lo desconocido nos liberamos del pasado. Cuando damos el paso hacia lo desconocido nos liberamos de todas las limitaciones al encontrarnos frente a posibilidades nuevas en cada momento de nuestra existencia. /

La conciencia pura es infinitamente flexible e irrestricta; ésa es la naturaleza del Ser. El pensamiento condicionado es inflexible y está sujeto a las cadenas de nuestro apego a las ideas, las nociones y las creencias. La libertad es la experiencia de lo ilimitado. Cuando somos verdaderamente libres somos infinitamente flexibles en todas las situaciones. Esa flexibilidad nos proporciona una estabilidad interior que ninguna otra experiencia puede menoscabar.

La libertad implica aceptación, acoger lo que venga y dejar ir lo que se va. La libertad implica dejar ir lo conocido y tener la disposición y la confianza para avanzar hacia la gran incógnita de todos los momentos de la vida. Incluso tratándose de la muerte, no debemos pensar en ella ni temerla, sino aprender a morir en cada momento. Cuando San Pablo dijo, "Morir a la muerte" se refería a morir al pasado en cada momento. Cuando nos acogemos a lo que sucede en el momento presente, morimos tanto al pasado como al futuro. Si usted lo pudiera hacer ahora mismo, podría incluso vencer su miedo a la muerte.

No permita que unos miedos imaginarios acerca del futuro influyan en su presente. Y no permita que los recuerdos de su pasado influyan en su presente. Renuévese. Cada niño que llega al mundo es el universo que se mira a si mismo con nuevos ojos. Mirar al universo con ojos nuevos es morir para lo conocido. Si logra salir del río del recuerdo y el condicionamiento para ver el mundo como si lo viera por primera vez en este instante, podrá crear un mundo nuevo en este momento.

Este momento es un momento de poder en el cual el universo se recrea a sí mismo. Sumergirse en el momento presente es entrar en la transformación de lo desconocido en conocido. Lo desconocido es la sensación nueva de las posibilidades infinitas. Es el Ser en proceso de transformarse y de evolucionar. Cada momento que vivimos está sembrado de posibilidades.

Una vez rotos los grillos de nuestra esclavitud podemos impartir nuestra propia realidad a todos los sucesos de la vida. En ese estado de libertad ya no estamos atascados en la tiranía de un pasado imaginado ni en el temor de un futuro anticipado. En este estado de libertad experimentamos la verdad, la belleza, la bondad y la armonía.

El poeta Rumi dice, "Degustamos el sabor, este momento, de eternidad". Podemos trascender el miedo a lo desconocido manteniendo nuestra atención en el momento presente. Debemos saborear este momento como un instante de eternidad para degustar la experiencia de la libertad.

❧

PUNTOS CENTRALES

Para experimentar y practicar la libertad:

- Practique la conciencia de vivir en el momento presente.

- Observe sus comportamientos adictivos sin juzgarlos.

- Trascienda su miedo a lo desconocido.

· II ·

¿Qué es la gracia y cómo vivir en ella?

*Gracia: El fácil fluir de la existencia;
amor y favor que recibimos gratuitamente*

La gracia es el fácil fluir de la existencia que ocurre cuando vivimos en armonía con la vida y cuando los ritmos de nuestro cuerpo-mente están sincronizados con los ritmos de la naturaleza. Vivir en gracia es experimentar ese estado de la conciencia en donde las cosas fluyen y los deseos se cumplen fácilmente. La gracia es mágica, sincrónica, coincidencial, alegre. Es el factor de la buena suerte. ¿Y cómo vivir en gracia?

Es sencillo. Basta con permitir que el universo fluya a través nuestro sin interferir con él.

En esa partícula minúscula de ADN que dio lugar a la creación de su cuerpo está la inteligencia que le informa que usted es un ser antiguo. Esa inteligencia posee un poder organizador infinito porque es la misma que orquesta el movimiento del cosmos. Cien trillones de células se comunican instantáneamente entre ellas a cada momento. Esos cien trillones de células salieron de una sola célula viviente nacida de la información de dos células, y solamente tuvieron que multiplicarse cincuenta veces para crear todas las células de su cuerpo.

Usted es un milagro de la evolución, un organismo biológico delicado y frágil pero resistente a la vez porque usted ha sobrevivido a través de eones de ciclos cósmicos. Usted es lo que es porque el universo es lo que es. El universo es lo que es porque usted es lo que es. Podría parecerle que el cuerpo en el cual habita es su posesión personal, pero en realidad le pertenece al universo.

Su ADN lleva codificadas las experiencias de sus ancestros, tanto humanos como animales. Contiene el conocimiento que, siendo anfibio, le enseñó a volar para convertirse en ave, y siendo primate le enseñó a crear el lenguaje, el arte y la ciencia, para poder ser humano. Su cuerpo se recicla, trayendo parte de lo antiguo con cada nacimiento a fin de que nunca se pierda el conocimiento codificado en la sabiduría del universo. Al mismo tiempo trae consigo una perspectiva nueva para que usted pueda construir sobre lo viejo y darse la oportunidad de crear cosas nuevas.

En cada momento, su cuerpo esculpe un paisaje nervioso y registra cada experiencia de su vida. En este preciso momento, el potencial creativo que usted manifiesta en su red nerviosa está convirtiendo la memoria y el propósito en una respuesta biológica. Con cada respiración, el universo nace de nuevo, se mira con nuevos ojos, desde una perspectiva nueva y un renovado sentido de asombro.

Ahora que sabe todo esto, trate su cuerpo con reverencia y prodíguele cuidados. Alimente su cuerpo con el amor de su atención. Nutra su cuerpo con alimentos sanos y agua fresca. Alimente su cuerpo con la frescura de la tierra y los colores del arco iris que la tierra le ofrece en forma de frutas y verduras. Beba las aguas de la Tierra para abrir los canales de comunicación e inteligencia que se abren paso por sus tejidos y sus vasos sanguíneos. Respire profundamente para que sus pulmones se llenen completamente de aire.

Comprométase a mantener su cuerpo libre de toxinas, tanto físicas como emocionales. No contamine su cuerpo con bebidas y alimentos muertos, sustancias químicas tóxicas, relaciones tóxicas o emociones tóxicas como la ira, el miedo o la culpa. Asegúrese de cultivar relaciones sanas y de no abrigar resentimientos ni agravios. La salud de cada una de sus células contribuye a su bienestar porque cada célula es un punto de conciencia dentro de ese gran campo de conciencia que es usted.

Permita a su cuerpo danzar con el universo. Libérese de todas las constricciones y tensiones de su conciencia para que su cuerpo pueda relajarse y unirse a los ritmos del universo. Mueva su cuerpo, haga ejercicio y manténgase en movimiento. Mientras más dance con el universo, más grande será su experiencia de alegría, vitalidad, creatividad, sincronía y armonía. Y cuando su cuerpo le pida reposo y renovación, escúchelo.

Rabindranath Tagore resume el milagro de la vida en palabras más hermosas que las que puede usar la ciencia. Dice así: "La misma corriente de vida que corre por mis venas de día y de noche corre por el mundo y danza en compases rítmicos. Es la misma vida que brota en forma de alegría a través del polvo de la tierra en forma de pasto y que se rompe en oleadas tumultuosas de hojas y flores. Es la misma vida que se mece en el océano del nacimiento y la muerte con el flujo y el reflujo. Siento que mis extremidades alcanzan la gloria a través de su contacto con este mundo de vida. Y mi orgullo se asienta en el palpitar de la vida desde tiempos inmemoriales cuya danza ocurre en mi sangre en este momento".

Los océanos y los ríos de esta biosfera son la sangre que circula en nuestro corazón y en nuestro cuerpo. El aire es el aliento sagrado de la vida que imprime energía a cada célula de nuestro cuerpo para que éste pueda vivir, respirar, y participar en la danza cósmica. Tener la experiencia del "palpitar de la vida desde tiempos inmemoriales en nuestra sangre en este momento" es tener la experiencia de la dicha, la experiencia de estar conectados con el cosmos. Esa experiencia es la que nos sana; es la experiencia de ser íntegros. Y ser íntegros es vivir en gracia.

❧

LA EXPERIENCIA Y LA PRACTICA DE LA GRACIA

Escuche la sabiduría de su cuerpo

¿Puede experimentar este momento presente en cada célula de su cuerpo como el palpitar de la vida que vibra desde tiempos inmemoriales? ¿Puede reconocer con convicción profunda que usted es tierra, agua, fuego, aire y vacío del espacio? ¿Puede sentirlo y reconocerlo en lo más hondo de su ser? Si es así, entonces escuche la sabiduría de su cuerpo.

Su cuerpo le habla constantemente a través de señales de bienestar y de malestar, placer y dolor, atracción y repulsión. Cuando escuche los matices sutiles de las sensaciones de su cuerpo, estará conectándose con la inteligencia intuitiva. Esa inteligencia es contextual, relacional, vital, integral y sabia.

La inteligencia intuitiva es más exacta y precisa que cualquier cosa que pueda existir en el plano del pensamiento racional. La intuición no es pensamiento; es el campo cósmico no local de información que susurra en el silencio entre los pensamientos. Así, cuando escuche la inteligencia interior de su cuerpo, de ese genio supremo, estará espiando lo que dice el universo y obteniendo una información a la que la mayoría de la gente normalmente no tiene acceso.

La ciencia ha demostrado que las células del cuerpo son hologramas del universo, lo cual significa que toda la información posible acerca del universo está codificada en la estructura de cada célula. Cada una de las partes de un holograma contiene la información completa del todo; de ahí su nombre de *holograma*. La intuición no es otra cosa que un mayor grado de conciencia emanado de la familiaridad con los campos de información de nuestro propio cuerpo. Esta información está codificada holográficamente en cada una de las células de su cuerpo. Y si usted logra tener acceso a un poco más de información, tendrá una intuición más agudizada que el resto de la gente.

Escuche la sabiduría de su cuerpo. Si toma conciencia de las sensaciones de su cuerpo conocerá la totalidad del cosmos, porque ésta se experimenta en forma de sensaciones corporales. En realidad, esas sensaciones son la voz del espíritu, el cual le habla en el nivel más fino de sensación de su cuerpo. Cuando le ofrezca a su cuerpo esa profunda atención, oirá la voz del espíritu, porque su cuerpo es una biocomputadora que permanece conectada con la psiquis cósmica. Su cuerpo tiene una capacidad de computación que le permite contabilizar instantáneamente la infinidad de detalles que convergen para crear cada suceso de su vida. Su inclinación es a favorecer y resuelve todos los problemas en un nivel más expansivo de la conciencia que aquel en el cual emergió el problema.

La próxima vez que deba tomar una decisión, en lugar de tratar de comprenderla intelectualmente, preste atención a las sensaciones de bienestar o malestar de su cuerpo y déjese llevar por sus impresiones intuitivas. Aunque está bien entender las cosas intelectualmente, no siempre es la prueba definitiva para saber que una decisión es correcta. Antes de elegir, consulte con su cuerpo: *¿Cómo te sientes con esto?* Si su cuerpo envía una señal de bienestar y anhelo, proceda. Si su cuerpo envía una señal de molestia física o emocional, tenga cuidado. Ante cualquier situación, pregunte a su cuerpo si se siente a gusto o no. Si la sensación es placentera, la decisión es acertada. Si el cuerpo se siente molesto, entonces va por el camino equivocado.

Cuando no estamos en armonía con los ritmos universales, las señales que recibimos de nuestro cuerpo se manifiestan en forma de malestar, ya sea físico, mental o emocional. Cuando fluimos en armonía con el universo, la señal nos llega en forma de tranquilidad, bienestar o alegría. Cuando estamos tranquilos y marchamos de acuerdo con los ritmos del universo, entre latido y latido del corazón se produce la *variabilidad*, la cual es una variación natural que forma parte de la naturaleza del universo. Todo es fácil y fluye, y el que domina es el sistema nervioso autónomo. Pero cuando estamos tensos, cuando liberamos adrenalina en exceso, el corazón palpita como un ejército marchando al paso.

El corazón no es sólo una bomba; es un órgano que siente y piensa. Pero a diferencia de la mente racional, piensa y siente intuitiva y creativamente con amor y compasión, y de manera conectada e inseparable. Nuestro corazón palpita gracias a algo denominado *marcapasos*. El marcapasos no es una sola célula; son cien células que disparan al unísono, con la misma frecuencia y según la misma tonada. Cada célula tiene un impulso eléctrico y cien células deben disparar coherentemente a fin de crear el marcapasos.

Mientras mayor la flexibilidad y la variabilidad del corazón entre latido y latido, más se crea un campo electromagnético coherente. Cuando esto sucede, el resto de las células entran a participar de esa coherencia y nuestro cuerpo irradia un campo coherente de energía electromagnética que es el *aura*. El aura es simplemente una coherencia o brillo del corazón. Irradiamos ese campo de energía sobre el universo, y cuando es coherente, nos alineamos con los elementos y las fuerzas del universo. Una vez que entramos en esa corriente, cada una de nuestras intenciones se alinea o se sincroniza con la actividad del universo. Eso encierra un poder enorme porque la actividad del universo corresponde a nuestro ser interior proyectado desde un nivel mucho más profundo de la existencia. Por tanto, si siente "un anhelo en el corazón", permita que su intención brote de las profundidades de su ser, donde su alma se localiza en su corazón. Lleve su atención al corazón, aunque sea momentáneamente y si siente compasión, paz, amor, armonía o risa, creará su campo electromagnético coherente. Después sencillamente deje salir los impulsos de su corazón, desde las profundidades de su ser, y el deseo mismo se encargará de orquestar su realización.

Mantenga a toda hora la conciencia de su cuerpo interior

La única manera de conocer a una persona o cualquier otra cosa en este mundo que llamamos externo es a través de las sensaciones del cuerpo. Por tanto, desarrolle una relación sensual con su cuerpo manteniendo a toda hora la conciencia de su cuerpo interior. En todas sus interacciones con otras personas, preste atención a su cuerpo. Cuando mire a otra persona, sienta su cuerpo. Cuando escuche a otra persona, sienta su cuerpo; escuche con *todo* su cuerpo. Sienta todo su cuerpo como un campo unificado de energía e inteligencia vivo, vibrante y alegre.

Habite con plenitud su cuerpo llevando a él su conciencia. Viva dentro de su cuerpo. Sienta la presencia del espíritu en su cuerpo. Entre en comunión con la presencia del espíritu en su cuerpo. Cuando mantiene su atención centrada en el cuerpo, cuando el espíritu habita plenamente su cuerpo, usted habita en la totalidad del universo.

Manténgase en sintonía con su cuerpo tomando conciencia de su danza con el universo. Cuando camine, tome conciencia de que está caminando. Cuando se siente, tome conciencia de estar sentado, Cuando respire, tenga conciencia de estar respirando. Esa es la conciencia de vivir en el momento presente. Practique hasta poder mantenerse anclado en esa conciencia y conviértalo en un hábito permanente. Pronto se dará cuenta de que, en la danza del universo, usted no camina, sino que el andar sucede. Usted no se sienta, sino que el sentarse sucede. Y usted no respira, sino que el Ser único respira a través de usted.

Preste atención a los ritmos y ciclos
de su cuerpo-mente

Quizás ahora comprenda, incluso científicamente, que su cuerpo es todo un universo en sí mismo. Su cuerpo es la danza del universo. Por tanto, una de las cosas más importantes que puede decirse a sí mismo es, *Mi cuerpo es la danza del universo.*

Si comprende que la naturaleza del cuerpo-mente corresponde a la mecánica cuántica, sabrá que el cuerpo no es otra cosa que vibraciones en el campo unificado que terminan formando las moléculas que conforman el cuerpo. El cuerpo, en últimas, no es más que vibración, la cual debe concordar con las vibraciones que conforman el universo. Esta concordancia o relación rítmica se denomina *arrastre*.

El arrastre fue descrito inicialmente por un físico que hizo un experimento interesante con cinco relojes. Los relojes tenían péndulos muy parecidos y él los puso a oscilar en distintos momentos. Después de transcurridas cerca de cuatro horas, todos los péndulos estaban oscilando sincronizados. Este experimento se puede repetir varias veces y el resultado siempre es el mismo: aunque comiencen a oscilar en distintos momentos, después de un tiempo se acompasan al mismo ritmo.

El arrastre es un fenómeno universal y se inicia en el momento de la concepción. Los ritmos del bebé comienzan a sincronizarse con los ritmos cósmicos a través de la fisiología de la madre. Durante todo el embarazo y aún después de nacido el bebé, la frecuencia cardíaca del bebé y de la madre se sincronizan y el arrastre permanece siempre que haya proximidad con la madre. Es probable que la frecuencia cardíaca no sea la misma, pero hay una relación rítmica entre las dos.

Cuando un grupo de mujeres viven juntas, al cabo de un tiempo hay arrastre entre los ciclos menstruales de todas ellas. Entramos o salimos del arrastre cuando estamos de acuerdo o en desacuerdo con alguien, porque los pensamientos de ambas personas estimulan los mismos campos cuánticos. Cuando dos personas están de acuerdo, la respiración de ambas se sincroniza espontáneamente, y así sucesivamente.

Nuestro cuerpo es parte del cuerpo del universo y nuestros ritmos corporales pueden entrar en arrastre con los ritmos universales. ¿Cómo hacerlo? Se hace a través de los sentidos. ¿Qué es la experiencia sensorial sino el hecho de captar la información del universo que está "afuera" y establecer una concordancia con la información que está "adentro" de nuestro cuerpo, el cual es un universo en sí mismo?

Por ejemplo, si introducimos un sonido que resuena en todas las células del cuerpo, la vibración del sonido facilitará el arrastre. Los sonidos del alfabeto en todos los idiomas son tonales o vibracionales y se pueden utilizar para producir una vibración inmediata en todas las células del cuerpo. En español, los sonidos de las vocales son A, E, I, O U, y cualquiera de ellos se pueden utilizar para producir una vibración. Haga el ensayo de respirar profundamente y, con la exhalación, haga el sonido de una vocal como "aaaaaa", o "iiiiiiii" o "eeeee". El resultado de esa vibración es que las células entran en arrastre recíproco.

Esta es una forma de restablecer los ritmos biológicos y de sincronizar los ritmos del cuerpo con los ritmos universales. Esto también se puede hacer con la música que más nos agrada. La música influye sobre la frecuencia cardíaca, las ondas cerebrales, la presión arterial, las contracciones estomacales y los niveles de las hormonas asociadas con el estrés. Cuando escuchamos una pieza musical que nos agrada, la farmacia del cuerpo secreta endorfinas, las cuales son los opiáceos o compuestos tipo morfina que el cuerpo produce naturalmente. La farmacia del cuerpo también genera neuropéptidos curativos en respuesta a la música que nos agrada.

El sentido de la vista también influye profundamente en el cuerpo. La investigación ha demostrado que la información que captamos a través de la vista puede influir sobre la frecuencia cardíaca, la presión arterial, las hormonas del estrés, etcétera. Cuando contemplamos un paisaje natural como un bosque, una puesta de sol o un arco iris, las ondas del cerebro forman patrones claros muy diferentes de los que aparecen cuando contemplamos una escena urbana, una planta industrial o un estacionamiento.

El sentido del olfato es otro medio poderoso para evocar sensaciones placenteras en el cuerpo. El aroma de una rosa o cualquier otra fragancia agradable puede evocar una sensación de armonía y alegría. Se sabe que ciertos aromas estimulan el cuerpo-mente, mientras que otros producen un efecto calmante y relajante. Hay muchos libros sobre el tema de la aromaterapia, y usted puede experimentar por su cuenta con distintos aromas.

Cualquier información sensorial que llegue ya sea a través del oído, del olfato, de la vista, del gusto o del tacto, modifica la química del cuerpo-mente en menos de una centésima de segundo. Con ese conocimiento, podemos elegir la información apropiada para influir favorablemente en la química del cuerpo.

En teoría, si estuviéramos totalmente alineados con el cosmos, si estuviéramos en armonía total con sus ritmos y si no tuviéramos absolutamente ninguna tensión emocional, habría muy poca entropía en nuestro cuerpo. Nuestro cuerpo no envejecería si estuviéramos totalmente sincronizados con los ciclos del universo. Si sufriera entropía, sería en la misma escala del universo, es decir, a una escala de ciclos cósmicos o eones de tiempo. Pero nuestro cuerpo-mente no está totalmente alineado con los ritmos del universo. ¿Cuál es la razón? El estrés. Es que sucede que tan pronto como tenemos un pensamiento, cualquiera que sea, éste interrumpe la tendencia innata de los ritmos biológicos a dejarse arrastrar por los ritmos universales. Pero si prestamos atención a los ritmos y ciclos del cuerpo-mente, y si nos familiarizamos aunque sea un poco con los ritmos cósmicos, podremos sincronizar los ritmos del cuerpo con los del universo. No es necesario ser expertos, sino simplemente prestar atención. Usted puede comenzar a tomar nota de cómo se siente en los distintos momentos del día y en los distintos períodos del mes, dependiendo del ciclo lunar. Observe el firmamento y los ciclos de la luna. Infórmese por el periódico acerca de las mareas. Sienta su cuerpo y vea cómo se relaciona con cada una de las estaciones. Si bien es muy útil comprender esos ritmos, la información que viene a continuación es la única que necesita recordar.

Entre las seis y las diez de la mañana y las seis y las diez de la noche, el cuerpo es hipometabólico, es decir que está en la fase más baja del metabolismo. Trate de pasar tiempo en silencio hacia las seis de la mañana y hacia las seis de la tarde. Lo ideal es meditar durante la primera fase de ese período y hacer ejercicio en la fase intermedia, especialmente si está tratando de perder peso. Entre las diez de la mañana y las dos de la tarde es cuando está más activo el fuego metabólico. Este es el período para la comida más abundante porque el cuerpo está más apto para digerir mejor. El período comprendido entre las dos y las seis de la tarde es el más propicio para la actividad, para aprender nuevas destrezas mentales o para realizar actividades físicas. La mejor hora para soñar es entre las dos y las seis de la mañana.

La última comida del día debe hacerse hacia las seis de la tarde, preferiblemente antes de que se ponga el sol. Esa comida debe ser ligera y conviene esperar por lo menos dos o tres horas antes de ir a la cama. Finalmente, es importante tratar de irse a dormir entre las diez y las diez y treinta de la noche para que el sueño sea ideal y para tener sueños maravillosos.

Estas son sugerencias muy básicas, pero verá que se sentirá muy diferente una vez que comience a sincronizar sus ritmos con los ritmos cósmicos. El cuerpo se sentirá vital; no se fatigará. Usted se sentirá subjetivamente más lleno de energía. Comenzará a experimentar ese estado de conciencia en el cual todo en la vida fluye con facilidad. Y cuando todo fluye sin tropiezos, la vida transcurre en estado de gracia.

La salud vibrante no es solamente ausencia de enfermedad; es una sensación de alegría interior permanente. Es un estado de bienestar positivo no sólo físico sino emocional, psicológico y, en últimas, también espiritual. La tecnología no sana. Lo que sana es estar en sintonía con las fuerzas del universo, sentir que el cuerpo es parte del cuerpo de la naturaleza, entrar en comunión con la naturaleza y con el alma, y disponer de esos momentos de silencio y soledad.

Su cuerpo es más que un sistema de apoyo a la vida; es la expresión de su alma en su viaje de evolución. Su cuerpo es un templo sagrado donde usted se ha detenido transitoriamente durante su viaje cósmico. Mantenga ese templo limpio y puro. Escuche sus anhelos de alegría e incluso de éxtasis. Usted es un hijo privilegiado del universo y ésta es su morada por ahora. La caravana de la vida se detendrá en otros lugares y en otras épocas. Usted ha emprendido un viaje de sanación y de transformación y su oportunidad de dar el siguiente salto cuántico de creatividad es ahora.

❧

PUNTOS CENTRALES

Para experimentar y practicar la gracia:

- Escuche la sabiduría de su cuerpo.

- Mantenga en todo momento la conciencia de su cuerpo interior.

- Preste atención a los ritmos y ciclos de su cuerpo-mente.

· 12 ·

El infinito

"Los vientos de gracia soplan incesantemente;
nos toca a nosotros izar las velas". — *Ramakrishna*

Cuando mi nieta tenía cuatro años, la llevé a pasear a la playa. Era una noche de luna y estrellas. Mirándola le dije, "Tara, te quiero mucho". Tan pronto como terminé de hablar, ella me preguntó. "¿Cuánto me quieres?" Yo le dije, "Bueno, te quiero más que a la luna y las estrellas". Tan pronto como terminé la frase, Tara dijo, "¿Por qué?" Yo le dije, "Porque vienes de ellas". Ella preguntó, "¿Cómo?"

Yo pensé, *No sé si podré explicarle esto a una niña, pero lo intentaré.* "Sabes, Tara, la luz de sol, de las estrellas y de la luna es la que ha hecho las frutas y verduras que tu comes. Cuando las comes, la luz del sol entra en ti para hacer tu cuerpo, porque todo viene de la luz. Eres un ser de luz; tu cuerpo está hecho de luz". Entonces me vino otra idea y añadí, "Hasta tus ojos están hechos de luz. Las estrellas hicieron tus ojos para poder verse a sí mismas".

Tara pensó y pensó, y por primera vez guardó silencio. Pero cuando ya nos íbamos me dijo, "Abuelo, mira arriba. Las estrellas quieren verse a sí mismas". Y es cierto. El Ser infinito, el *canto único* que es el universo, se mueve, respira y se mira a sí mismo a través de nuestro cuerpo. El universo se mira a sí mismo en las estrellas. El universo se mira a si mismo en la silla donde usted está. El universo se mira a si mismo en mi, lo mismo que se mira a sí mismo en usted. Somos los ojos y los oídos del universo. El universo se mira, se degusta, se huele, se siente y se oye a sí mismo de muchas formas distintas a través de cada criatura, a través de una abeja, de un pájaro, de un antílope, de una mariposa.

Si usted pudiera tener al menos una pequeña sensación de la forma como el universo se expresa a través suyo, usted sería un mejor canal para esa expresión. No hay nada que usted no pueda ser, hacer o tener, pero es necesario que esa persona que usted cree ser deje de interferir. Lo único que hace falta es un cambio de actitud.

Sencillamente no interfiera y permita que el universo, el infinito, se exprese a través suyo. Permita que el infinito se mire a sí mismo a través suyo, que se piense a través suyo y que se experimente a través suyo. En el nivel más profundo de su ser, usted posee la libertad y el poder. Cuando la inteligencia universal fluye a través suyo sin interferencia, su vida fluye con facilidad y sin esfuerzo. Esa es la experiencia de la gracia.

A través de su cuerpo-mente usted crea y experimenta el mundo de los objetos y los sucesos en el espacio-tiempo. A través de su intelecto, usted crea y experimenta el mundo de las ideas. Es solamente a través del alma que se puede crear y experimentar el mundo del poder, la libertad y la gracia. En las profundidades de su ser está la luz del Ser puro, del amor puro, de la dicha pura. Todo un mundo nuevo se abre al vivir desde allí. Ese mundo no tiene límites, es infinito, eterno y feliz. Y ése puede ser su mundo si así lo desea. En ese mundo no hay límite al poder, la libertad y la gracia. Comprenda las ideas de este libro, siga las sugerencias y descubrirá los misterios de su propia existencia. *¿Quién es usted? ¿Qué desea?* Conocer las respuestas a esas preguntas es conocer su verdadero yo. Una vez que descubra su verdadero yo, conocerá la felicidad verdadera, la intoxicación del amor, el fluir del espíritu en su esencia pura, sin impedimentos, sin restricciones, llena de misterio, magia y aventura.

La felicidad reside en el ámbito del espíritu. Encontrar la felicidad es encontrar el alma. Encontrar el alma es vivir desde la fuente de dicha perdurable. No es la felicidad que se siente por uno u otro motivo, la cual es sólo otra forma de desgracia. Esta felicidad es la dicha verdadera y estará con usted a donde quiera que vaya.

· Apéndice ·

LOS VIEJOS Y LOS NUEVOS PARADIGMAS

El cuadro que aparece a continuación ilustra algunas de las formas viejas y nuevas de percibirnos a nosotros mismos y al mundo en que vivimos. Con la ayuda de la ciencia, estamos cambiando a un nuevo paradigma, no solamente relativo al cuerpo-mente del ser humano, sino a nuestra forma de interpretar la naturaleza misma. Conforme a esta nueva manera de pensar, el cuerpo-mente es considerado como una expresión de un todo mucho más grande.

EL VIEJO PARADIGMA	EL NUEVO PARADIGMA
La superstición del materialismo dice que estamos separados de nuestra fuente y los unos de los otros.	El campo unificado de conciencia pura dice que estamos conectados con nuestra fuente y entre nosotros mismos.
El mundo está compuesto por materia sólida visible y energía invisible e inmaterial.	El mundo está compuesto por un campo subyacente no manifiesto de inteligencia que se expresa a través de la infinita diversidad del universo.

EL VIEJO PARADIGMA	EL NUEVO PARADIGMA
La experiencia sensorial, aquello que vemos, oímos, olemos, degustamos o tocamos, es la prueba definitiva de la realidad.	El campo de la inteligencia experimentado subjetivamente es la mente; ese mismo campo, experimentado objetivamente, es el mundo de los objetos materiales.
Los objetos sólidos o masas visibles de materia están separados los unos de los otros en el tiempo y el espacio.	Los objetos "sólidos" no lo son en absoluto y tampoco están separados entre sí en el tiempo y en el espacio. Los objetos son puntos focales o concentraciones de inteligencia, dentro del campo de inteligencia.
La mente y la materia son entidades separadas e independientes.	La mente y la materia son esencialmente iguales. Ambas son hijas del campo de conciencia pura, el cual concibe y construye el mundo entero.
El cuerpo es una máquina física que, de alguna manera, ha aprendido a pensar.	La conciencia infinita de alguna manera crea la mente y luego se expresa a sí misma a través del cuerpo. El cuerpo-mente es ese mismo campo de conciencia pura.

El viejo paradigma	El nuevo paradigma
Los seres humanos son entidades autocontenidas con límites corporales bien demarcados.	Los seres humanos están interconectados inseparablemente con los patrones de inteligencia de todo el cosmos. En los niveles más fundamentales de la naturaleza no hay límites bien demarcados entre nuestro cuerpo personal y el universo.
El cuerpo humano está compuesto de materia congelada en el tiempo y el espacio.	El cuerpo-mente del ser humano es un patrón cambiante de inteligencia vibratoria que se recrea constantemente a sí misma.
Nuestras necesidades son independientes de las necesidades de los demás seres vivos.	Nuestras necesidades son interdependientes e inseparables de las necesidades de los demás seres vivos.
El mundo externo es real porque es físico. Nuestro mundo interno es irreal porque existe en la imaginación.	El mundo externo y el mundo interno son proyecciones del Ser único, la fuente de toda creación. Los dos son patrones de movimiento de la energía dentro de la conciencia infinita.

EL VIEJO PARADIGMA	EL NUEVO PARADIGMA
La superstición del materialismo dice que vivimos en un universo local.	El campo unificado de la conciencia pura dice que vivimos en un universo no local.
La localización en el espacio es un fenómeno absoluto.	Todo lo que existe en el cosmos es no local, lo cual significa que no podemos confinarlo aquí, allá o en algún otro lugar.
La localización en el espacio existe independientemente del observador.	La localización en el espacio es cuestión de percepción. Cerca o lejos, abajo o arriba, oriente u occidente son nociones verdaderas solamente desde el punto de vista del observador.
La mente pensante está localizada en el cerebro y la inteligencia del cuerpo está localizada en el sistema nervioso.	La mente pensante es parte de un vasto campo de inteligencia no local que se extiende mucho más allá de los confines del cosmos. La inteligencia del cuerpo viene del mismo campo no local.
La superstición del materialismo dice que vivimos en un universo limitado en el tiempo.	El campo unificado de conciencia pura dice que vivimos en un universo atemporal.

El viejo paradigma	El nuevo paradigma
El tiempo es un fenómeno absoluto.	El tiempo es un fenómeno relativo. Los físicos ya no utilizan el término *tiempo*, sino la expresión *continuo de espacio y tiempo*.
El tiempo es local, mensurable y limitado.	El tiempo es no local, inconmensurable y eterno. La idea de poder localizar el tiempo no es más que eso: una idea, una noción, un artificio de la percepción basado en la calidad de nuestra atención.
Los humanos estamos enredados en una vasta red de tiempo que incluye el pasado, el presente y el futuro.	No hay pasado ni futuro, antes o ahora, entonces o después; solamente existe el momento presente que es eterno. La eternidad se extiende hacia atrás y hacia adelante a partir de cada momento.
El tiempo existe independientemente del observador.	El tiempo existe en la mente del observador. El tiempo es un concepto, un diálogo interno que utilizamos para explicar nuestra percepción o nuestra forma de experimentar el cambio.

EL VIEJO PARADIGMA	EL NUEVO PARADIGMA
Las cosas suceden una a la vez. El mundo opera a través de unas relaciones lineales de causa y efecto.	Todo sucede simultáneamente y todo está correlacionado y sincronizado instantáneamente con todo lo demás.
La forma como interpretamos nuestra experiencia del tiempo no influye en nuestra fisiología.	La forma como interpretamos nuestra experiencia del tiempo provoca cambios fisiológicos en nuestro cuerpo. La entropía y el envejecimiento son en parte una expresión de nuestra forma de metabolizar o interpretar el tiempo.
La superstición del materialismo dice que vivimos en un universo objetivo.	El campo unificado de conciencia pura dice que vivimos en un universo subjetivo.
El mundo de "allá afuera" es completamente independiente del observador.	El mundo de "allá afuera" no existe sin el observador; es una reacción del observador. Construimos el mundo en que vivimos a través del acto de observar.

EL VIEJO PARADIGMA	EL NUEVO PARADIGMA
La observación es un fenómeno automático. Nuestros sentidos son capaces de interpretar una realidad objetiva de una manera objetiva.	Vivimos en un universo participativo. Aprendemos a interpretar el mundo a través de nuestros sentidos, lo cual da lugar a nuestra experiencia preceptiva.
Nuestro mundo interior y nuestro mundo exterior dependen de nuestras relaciones, nuestro entorno y las situaciones y circunstancias que nos rodean.	Nuestro mundo interior y nuestro mundo exterior emergen de manera interdependiente dependiendo del nivel de vibración de nuestro espíritu.

· Sobre los Vedas ·

Los Vedas y los Upanishad son los libros más sagrados de la India y también los más antiguos. La palabra *veda* significa conocimiento, y se cree que los Vedas han existido desde el principio de la creación. Los Vedas nos enseñan que nuestra verdadera naturaleza es divina. El Ser divino es la realidad subyacente y la fuente de todo lo que existe. La meta de esta filosofía antigua es reconocer esta verdad a través de la experiencia. Los Vedas, venerados por la sabiduría perdurable que encierran, constituyen una filosofía eterna a través de la cual se expresa la esencia de todas las religiones y doctrinas espirituales.

Deepak Chopra es un líder de renombre mundial en el campo de la salud integral y el potencial humano. Es autor de *Las siete leyes espirituales del éxito*, registrado como éxito de librería por el *New York Times*, y de numerosos libros y programas de audio sobre todos los aspectos de la mente, el cuerpo y el espíritu. Los libros de Chopra se han traducido a más de cincuenta idiomas y él viaja constantemente por el mundo entero para promover la paz, la salud y el bienestar. Encontrará información adicional sobre los seminarios y otros eventos, además de una lista completa de los libros y programas de audio de Deepak Chopra en: www.chopra.com.

∽

Una publicación de

AMBER-ALLEN PUBLISHING

P.O. Box 6657 • San Rafael, CA 94903

Para obtener una lista completa de nuestros libros
y cintas, llame gratis al (800) 624-8855

www.amberallen.com